Introducing Existentialism: A Graphic Guide by Richard Appignanesi &
Oscar Zarate
Text and illustrations copyright©2013 ICON BOOKS LTD
This edition arranged with ICON BOOKS LTD
through BIG APPLE AGENCY, INC.,LABUAN, MALAYSIA.
Simplified Chinese edition copyright:
2021 SDX JOINT PUBLISHING CO. LTD.
All rights reserved.

# 存在主义

Introducing
Existentialism

理查德·阿皮尼亚内西(Richard Appignanesi) / 文
奥斯卡·查拉特(Oscar Zarate) / 图
陈鑫 / 译

Simplified Chinese Copyright © 2021 by SDX Joint Publishing Company.
All Rights Reserved.
本作品简体中文版权由生活·读书·新知三联书店所有。
未经许可，不得翻印。

**图书在版编目（CIP）数据**

存在主义 /（英）理查德·阿皮尼亚内西文；（英）奥斯卡·查拉特图；陈鑫译 . —北京：生活·读书·新知三联书店，2021.1（2023.7 重印）
(图画通识丛书)
ISBN 978 – 7 – 108 – 06949 – 8

Ⅰ. ①存… Ⅱ. ①理… ②奥… ③陈… Ⅲ. ①存在主义 Ⅳ. ① B086

中国版本图书馆 CIP 数据核字（2020）第 159984 号

| | |
|---|---|
| 责任编辑 | 李静韬 |
| 装帧设计 | 张 红 |
| 责任印制 | 卢 岳 |
| 出版发行 | 生活·讀書·新知 三联书店 |
| | (北京市东城区美术馆东街 22 号 100010) |
| 网 址 | www.sdxjpc.com |
| 图 字 | 01-2018-7384 |
| 经 销 | 新华书店 |
| 印 刷 | 北京隆昌伟业印刷有限公司 |
| 版 次 | 2021 年 1 月北京第 1 版 |
| | 2023 年 7 月北京第 2 次印刷 |
| 开 本 | 787 毫米 × 1092 毫米 1/32 印张 5.75 |
| 字 数 | 50 千字 图 174 幅 |
| 印 数 | 07,001 – 10,000 册 |
| 定 价 | 38.00 元 |

（印装查询：01064002715；邮购查询：01084010542）

# 目 录

001 荒诞问题
002 进入夜与雾
004 维希的水变成了血
005 沉默的共和国
006 没有光辉的光
007 柏格森的抵抗
008 在污水中游泳
009 海德格尔怎么样？
010 暂时
011 语词的坟墓
012 存在主义魅力何在？
014 来自黑暗的声音
016 恶心
017 自我欺骗、自欺和本真性
018 "KZler"的含义
019 意识与自己疏离
020 "夜与雾"真的消散了吗？

022 自我保存的自然态度
023 形而上学的或"纯真的"自杀
024 一个荒诞的推理
025 荒诞禁止自杀
026 死刑犯的缓刑
027 死亡是必然的吗？
028 技术最终是一种形而上学
030 反遗传学的基里洛夫
031 意义的终极境域
032 存在主义不是什么？
034 没有人是存在主义者吗？
035 记忆的恢复
036 存在主义的起源
037 海德格尔在何处？
038 "一体化"运动的一位受害者
040 与生活相关的哲学
041 现象学的幽灵

042 镜中对手
044 胡塞尔的使命宣言
046 主体与客体之间的差异
048 自然态度和理论态度
050 怀疑主义的个案史
051 我思故我在
052 笛卡尔重大的错误
054 *res cogitans*：思维之物
055 怀疑主义的可恶陷阱
056 生存的牺牲
057 这是谁的"危机"？
058 通过思维的经济原则自杀
060 关于悬搁的笛卡尔式沉思
062 胡塞尔的悬搁
063 意识在何种意义上"存在"？
064 加括号的注视
066 一个自杀的样板
068 自杀的约瑟夫彩衣
069 怀疑主义者不可告人的秘密
070 萨特论自杀
071 "自在"与"自为"
072 自由地为死而在
073 历史的决断
074 也发生在1927年

075 哲学有办公时间吗？
076 生活在（无）偏爱中
077 职业的生活问题
078 括号中的整体
079 原初地观看
080 意向性问题
081 剪断脐带
082 只是语词问题
083 没有什么可超越语言
084 侧显——对侧面的感知
085 博闻强记的富内斯
086 全神贯注是否可能？
087 不变性在哪里？
088 柏拉图洞穴中的影子
089 观念是"实在"的吗？
090 胡塞尔的另类柏拉图主义
091 什么是明见性？
092 当墙壁开始出汗
093 克尔恺郭尔的剧中人
094 克尔恺郭尔的幽灵，黑格尔
096 难以释怀的存在的良知
097 落入信仰
098 信仰的丑闻
099 黑暗时代的一个人

| | |
|---|---|
| 100 悲观主义策略 | 129 一项有意识的自由契约 |
| 101 科学的失败 | 130 存在的匮乏 |
| 102 马克思的幽灵 | 131 生存先于本质 |
| 104 存在主义者的反殖民主义 | 132 自由没有历史 |
| 106 从未存在的存在主义 | 133 时间的绽出 |
| 107 老式的存在主义 | 134 来自井里的水 |
| 108 被假释的海德格尔 | 135 救赎之降临 |
| 109 出人意料的结局 | 136 时间话题 |
| 110 无限期假释中的海德格尔 | 137 意识的时间部分 |
| 111 胡塞尔时代结束了吗？ | 138 滞留溜走 |
| 112 带着弱音器的神学 | 139 社会层面的视域 |
| 113 宣扬未来 | 140 群峰之上，一片寂静 |
| 115 也许是偶然…… | 141 历史时刻 |
| 116 完成了转向的怀疑主义 | 142 海德格尔版《我的奋斗》 |
| 117 推理的灰暗气息 | 143 Rassengedanke：思考种族 |
| 118 出于历史的理由 | 144 来自德国的预言 |
| 119 清算的话 | 145 现代性危机 |
| 120 还原到绝对生存 | 146 作为艺术的权力意志 |
| 121 生存不一定存在 | 147 一颗冉冉升起的新星 |
| 122 人的存在即历史 | 148 忏悔的贫乏 |
| 124 存在及后退到虚无主义 | 149 心里的话语 |
| 125 从物中得到拯救 | 150 保持沉默的权利 |
| 126 消除恶心 | 151 存在主义没有错觉 |
| 128 虚无化的行为 | 152 说到欺骗 |

154 意识中的分裂

156 没有说谎者的谎言

157 有不受欺骗的选择吗?

158 唯我论,还是主体间性?

159 沉沦于"常人"之中

160 与他人共处

164 图灵测试

165 新的迷信

166 变质的性能

167 因为这是可能的

168 对一种无名哲学的说明

171 逃避意义

172 延伸阅读

174 致谢

175 索引

## 荒诞问题

"真正严肃的哲学问题只有一个,那就是自杀。判断生活是否值得一过就相当于回答哲学的基本问题。"**阿尔贝·加缪**(Albert Camus,1913—1960)《西西弗斯的神话》(*The Myth of Sisyphus*,1942年)的开头是这样的。他还引用尼采的话强调:"一位哲学家若想获得我们的尊敬,就必须以身作则。"

简言之,我给出的答案可能是,我最后……

所以,我最好是找到一个活着的理由。

但是,加缪立即看出,"一个活着的理由,也是死亡的绝妙理由"。无论在哪种情况下,牺牲都可能是危险的。问题是——生活必须要有意义吗?他断定并非如此,**从荒诞的角度看**,"生活若没有意义,我们将活得更好"。

## 进入夜与雾

1942 年,在战败以后被纳粹占领的巴黎,加缪对他生活于其中的危险时代进行了一种"荒诞主义的"(absurdist)评价。他和其他人一样,是抵抗组织(Resistance)的成员,该组织是一支"影子军队"——暗中从事破坏活动的男男女女——经常遭受盖世太保逮捕、严刑拷打和死亡的威胁。

在任何一个街角,对于任何一个人,荒诞感的打击都会显示在脸上……

他说,荒诞"在它令人伤感的赤裸中,在它没有光辉的光中……"。当然,加缪此时此地的荒诞主义的文章暗含潜台词,避开了占领时期的审查管制,它本身就是一种公然的反抗。

荒诞有恐怖的证据。1941年12月7日，希特勒在一阵瓦格纳式的狂热中颁布了**"夜与雾法令"**（*Nacht und Nebel Erlass*），这是为西部被征服地区居民准备的。该法令规定，任何危及德国安全的人都将被捕，并"悄然消失在德国不为人知的夜与雾中"。实际上，就是驱逐出境和死亡。

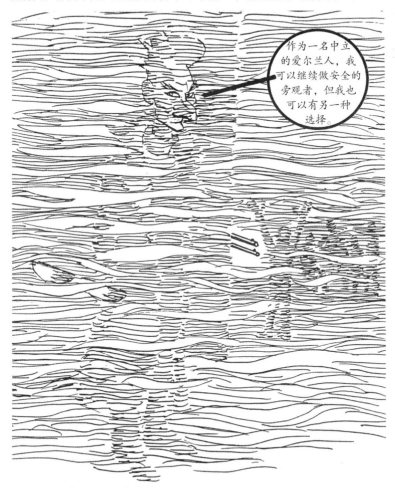

作为一名中立的爱尔兰人，我可以继续做安全的旁观者，但我也可以有另一种选择。

剧作家**塞缪尔·贝克特**（Samuel Beckett, 1906—1989）那时正在巴黎，爱尔兰的中立立场保障了他的安全，但他却加入了会危及他自身安全的抵抗组织。这是为什么？因为在这样的境况中，放弃常识而接受荒诞才是正直的。

## 维希的水变成了血

面对德国的入侵,法国仅仅战斗了六个星期就投降了。没有同盟国——英国对战争毫无准备,美国中立,而且希特勒此时征服了欧洲——法国别无选择。1940年6月21日,**菲利普·贝当元帅**(Marshal Philippe Pétain,1856—1951)签署了一份停战协议,将法国划分为两个区域——一个是德国控制区,另一个是"非占领区",后者由温泉小镇维希(Vichy)政府管辖,维希以富有疗效的泉水闻名于世。政治妥协是一回事,维希政府与纳粹德国**主动合作**的政策则完全是另一回事。

维希的合作者充当了希特勒的走狗,

但是在希特勒眼里,法国不具丝毫的平等地位。

## 沉默的共和国

法国右翼分子抓住被占领的理想时机,对"不受欢迎的"犹太人和共产主义者采取希特勒式的"最终解决方案"——他们如此充满热忱地执行这一方案,以至于连德国人都感到惊讶。维希政府将政治妥协之水变成了纳粹种族主义之血,并将它提供给希特勒集中营的"浴室"。

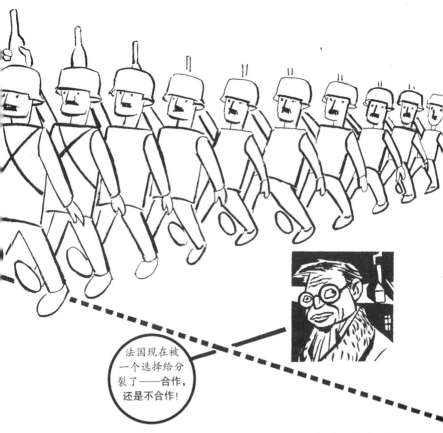

法国现在被一个选择给分裂了——合作,还是不合作!

**让-保罗·萨特**(Jean-Paul Sartre,1905—1980)当时评论道:"我们从未比德国占领时期更加自由……这种完全孤立状态下的责任,不正显示了我们的自由吗?"(选自萨特1944年的文章《沉默的共和国》)

## 没有光辉的光

在这"黑暗之光"中,生活会像从前一样继续吗?或许,一个人的眼睛会消极地适应现实。1942 年,**毕加索**(Picasso,1881—1973)画了《静物与牛头骨》,并继续与多拉·玛尔的风流韵事,还从事非法货币交易,但与贝克特不同,他没有参加抵抗组织……

怯懦吗?我无法判断。

我也无法理解的是,为什么温文尔雅、品位不凡的皮埃尔·德里厄·拉罗谢勒会成为一名通敌叛国者?

小说家**皮埃尔·德里厄·拉罗谢勒**(Pierre Drieu La Rochelle,1893—1945)把被占领的巴黎描写为一个被强奸的女人:"从杜伊勒里宫的中央大道,我可以看到协和广场的卢克索方尖碑正刺入凯旋门……"性暗示极其刻意。难道这个理由足以让他欣然接受纳粹酣畅淋漓的阳刚之气吗?

## 柏格森的抵抗

我也无法理解像**路易－费迪南·塞利纳**（Louis-Ferdinand Céline，1894—1961）和**罗伯特·布拉西亚克**（Robert Brasillach，1909年生，1945年被处死）这样的天才小说家卑鄙的反犹合作主义立场，后者是该死的法西斯报纸《我无处不在》（*Je Suis Partout*）的编辑。哲学家**亨利·柏格森**（Henri Bergson，1859—1941）早已预见"一股可怕的反犹浪潮即将席卷全世界"。柏格森撑起垂死之躯，根据维希政府的法律，登记了犹太人的身份。他拒绝了被给予的豁免权。

我是一个犹太人，宁愿自取灭亡，也不愿取消自己的这一身份。

法兰西共和国宪兵和党卫军"兄弟般地加入"大规模驱逐犹太人的行动中，难道还有什么比目睹这一画面更加令人作呕吗？

## 在污水中游泳

"天黑以后"的巴黎出现了各种各样的表演者。少数人是积极的"抵抗者",多数人成为**"观望者"**(attentistes)。后者是这样一些人:他们在做出选择之前,确实在**观望**盟军和纳粹哪一方会获胜。在战时选择自保的确是一件可疑的事,但我至少可以说出两个选择抵抗的人的名字——阿尔贝·加缪和让-保罗·萨特——这两位都被称为存在主义者——倘若他们自认如此的话。他们在地下报纸《战斗报》的办公室会面……

我们于1942年握手,于1952年成为死敌。

在马克思主义、苏联,以及不久之后的阿尔及利亚独立问题上,他都与我立场相反。

在存在主义的核心,有一种模糊的"叛逆"感。让我们以**马丁·海德格尔**(Martin Heidegger,1889—1976)为例,他是存在主义图腾式的"奠基人",但他完全不承认这一角色。

## 海德格尔怎么样?

**卡尔·洛维特**(Karl Löwith, 1897—1973)记录了他与海德格尔1936年4月2日在罗马的会面,他曾是海德格尔的学生,也是意大利的犹太难民。海德格尔在那里作了题为"荷尔德林与诗的本质"的讲座。洛维特想知道:"海德格尔纽扣上的纳粹卐字符(他显然不认为这是对我的冒犯)与荷尔德林的诗歌有何关系?"于是,洛维特问海德格尔:他对希特勒的支持是基于他的哲学吗?海德格尔承认的确如此……

海德格尔的夫人爱尔芙丽德(Elfride)对我彬彬有礼,但冷漠而拘谨。

我确信,国家社会主义是德国的必经之路。问题仅仅在于看出它的结局。

**看出它的结局?** 起初,海德格尔对纳粹主义充满热情,但很快就失望了,他愿意自诩为"内在移民",以"逃向内在"(flight inwards)的方式来沉默,这位德国人算得上是一个正在观望的观望者。

## 暂时

海德格尔从未赞同一种"抵抗的"存在主义,因此他不能为"背叛"这种存在主义而负责。但有一个问题仍然存在:无论他效忠于谁,他的哲学能**经受住考验**吗?哲学中最深刻的发现是绝对和普遍的,历史对于这些发现来说重要吗?作为回应,有一件事我的确是知道的——在加缪和萨特的巴黎,在海德格尔的德国,**我难以呼吸**。我无法应对他们的境况。我将**是**什么?我将合作、反抗,还是等待?我只能回到当下的问题……

**暂时**(for the time being)——这个神奇的习语为英语所独有。从日常平淡无奇的含义中脱离的"时间"意味着什么?它说的好像是"瞬间"(moment),但更多的是"临时的期待"(provisory expectancy)。如果我深入倾听,就会发现这真是一种令人惊异的思想。

## 语词的坟墓

海德格尔的武器库声名狼藉，为通达语词的哲学根源，恢复其源始的清新，海德格尔对德语的表达方式进行戏谑、考问和扼杀。语词的"清新"（freshness），这是什么意思？

在他人那里被遗忘的语词，在我的口中重获新生。

我意识到写作不仅是"重述"，而且还是纪念。作为一名作家，我的每一步都行走在他人的墓地上。词典是一本太平间登记簿，却奇妙地引发了复活。因此，作为一名作家，我必须警惕地避免文学的诱惑。我这样说意味着什么？

## 存在主义魅力何在?

如今,存在主义还有残留的名声,难道这是对语词遗产的延续?这些语词依然具有**令人震惊的**力量。恶心、绝望、忧虑、荒诞、本真、虚无等等,它们具有接近于真正的"范畴"地位的文学特征。这些存在主义的**情绪**有被人贬低为轻浮的风险,即加缪所厌恶的"假装绝望"。对此,萨特在他的演讲"存在主义是一种人道主义"(1946年)中提出了告诫。

事实上,在所有的学说中,存在主义是最不惊人和最严肃的:它完全是为技术人员和哲学家提供的。

因此,不可把存在主义看作文学,否则就是一种"诽谤"。然而,萨特也写小说和戏剧,加缪也一样,甚至,令人敬畏的海德格尔不也写诗吗?因此,存在主义太容易被默认为文学了。我被建议去咨询陀思妥耶夫斯基、卡夫卡和贝克特——咨询任何事都可以,除了"面向技术人员的严肃教义"。

我要说的反而是，若现在回归存在主义这个称谓，那些显然"过于存在主义的"文学作品，反而背离了存在主义的真谛。考虑一下"存在的"这个词：它只是一个表示"**存在**"的形容词和逻辑谓词。但肯定或否定某物**存在**（正如维特根斯坦告诫的那样）是一个关于事实的逻辑命题，它并未"给予存在"。合乎逻辑的用法不需要把"主义"（ism）附加于"存在的"（existential）之后。

但是，对于我们来说，"存在的"更常见的含义是"给我们以影响的东西"……

活着，还是死去，这是一个问题……

哈姆雷特的"存在问题"当然不能使他成为一个存在主义者。何况，他还是一个虚构的人物，莎士比亚通过哈姆雷特的台词，对此进行了具有反讽意味的提醒。这不正是拒绝文学诱惑的一条线索吗？

## 来自黑暗的声音

这或许还不够清楚。我被告知,"如果你想要原始的存在主义,就去找陀思妥耶夫斯基吧"。很好,我会去找他的。(在本书中,我不是在教导,而是在**经历**。寻求身份验证有"陷入困境"的风险。这样的研究可能会自取其辱。)我听到了一个前所未有的声音,它是来自**深渊的召唤**(calling de profundis),来自自虐式的忏悔的深处。

我是一个有病的人……我是一个恶毒的人。我是一个其貌不扬的人。我相信我患了肝病。然而,我对我的病一无所知,我也不知道究竟是什么令我感到不适……我因心怀怨恨而拒绝就医。

这个人是谁?一个"退休的大学督导",一个在庞大的沙皇官僚机构的密室中迷失了灵魂的人。他无足轻重。当然,他是一个虚构的人物,出自**费奥多尔·陀思妥耶夫斯基**(Fyodor Dostoyevsky,1821—1881)的《地下室手记》(1846年)。

这是一个令人信服的虚构人物，辨识度极高。他和我们之间的区别仅在于历史——有着更多无名尸体的一百四十年。我很想听一下，这位"自相矛盾者"对于他的时代有什么要说的……

是的，一个19世纪的人，在很大程度上，必须是一个无个性的生物，而且道义上也应当如此。

他所说的"无个性"是什么意思？最后，他告诉我们……

"唉，我们甚至现在还不知道生活的意义是什么，它是什么，它被称为什么！一旦离开书本，我们立即茫然失措，陷入混乱。我们不知道应该追随什么、坚持什么、爱什么、恨什么、尊重什么、憎恶什么。……我们一出生就天折了，而且过去几代人都是被我们这样的人生出来的，而不是由活人所生。……不久之后，我们将设法以某种方式，**从一个观念中**诞生……"

## 恶心

现在清楚了吗?如果还不清楚,就考虑一下当代哲学家**保罗·利科**(Paul Ricoeur,1913—2005)的这句话:"对于爱和恨、伦理情感以及我们一般称之为自身(Self)的所有东西,如果这一切都没有被带入语言并由文学表达出来,我们又能知道些什么呢?"对此,那个住在地下室的人可能会回复道:"但这正是我抱怨的!"

他是否意识到,我们的存在既是被预先写定的(pre-scripted),又是荒诞地**超出脚本的**(over-scripted)?脱离我们读过的书本,我们对于自身就无话可说了。

简言之,对文学的否定来自其自身,来自对它自身的过度熟悉而导致的恶心。结果就是恶心。

我真的赞同这种文化虚无主义吗?烧掉所有的书籍?或者,更好的做法是将其束之高阁?(包括本书。)我真的不知道。我仍在经历。"**真的吗?**"一个来自黑暗处的声音,"你可以'真的知道'而不陷入自我欺骗吗?"

## 自我欺骗、自欺和本真性

维特根斯坦说:"没有比不欺骗自己更困难的事情了。"但我怎么知道我没有欺骗自己呢?"自欺"(bad faith)是萨特存在主义的一个核心原则。使我们所有人安于自我欺骗(self-deception)的正是这种显而易见的借口:"没有意识到它。"问题不在于一个人偶尔说谎,像我们所做的那样,而在于自我认知中的**一致信念**(consistent conviction)。我知道我在自欺,这就隐含着某种程度的真诚(good faith)意识;而我相信自己是真诚的,则隐含着可能的欺骗,甚至是伪善……

我们能摆脱自我欺骗吗?这假定了以前堕落的本真的存在(authentic Being)可以自我恢复。

彻底地意识到自身的一致性是不可思议的。

这样的人必然是一位圣人或绝对的犬儒主义者——唯此二者不可接受自己的不真诚。

够了!我不想"自相矛盾"地认知。为此,让我想象我参加了**维克多·弗兰克尔**(Viktor Frankl, 1905—1997)的讲座"在集中营里的群体心理治疗经历"(1951年)。

# "KZler"的含义

"KZler"是纳粹集中营里的囚犯的别称。存在主义精神分析师维克多·弗兰克尔本人就是一个KZler，他在纳粹集中营里发明了**意义疗法**（logotherapy）。意义治疗的目的是修复一个人的意义感（来源于希腊文logos，理性）。弗兰克尔必须处理的第一个问题是KZler的**入营惊恐**（entrance-shock），即"一种恐慌状态，伴随着迫在眉睫的自杀危险"。

任何受到"去毒气室"威胁的人，可能宁愿"去铁丝网"——在集中营周围的高压电网上自杀……

弗兰克尔设法组织了一个预防自杀的小组。这不令人惊诧吗？当死亡在大规模屠杀中成为例行公事，为何还要预防自杀？当无意义的生存成为势必发生的状况时，为何还企图"修复意义"？加缪说，"与自杀相反的是被判处死刑的人"，而这也正是弗兰克尔自己的体验。

## 意识与自己疏离

"某个早上,我走出集中营,饥饿、寒冷和脚上的疼痛让我几乎无法忍受,我的脚因水肿而发胀,被冻僵、溃烂,塞在破损的鞋子里。在我看来,我的处境使我无法获得慰藉或希望。然后,我想象自己站在讲台上,即将作一场题为'在集中营里的群体心理治疗经历'的讲座……**相信我,在那一刻,我不奢望有朝一日我真的会被准许如此做。**"

事实上,意义疗法比集中营"更长寿",而且在今天也是可行的,因为正如弗兰克尔所说,"集中营只不过是人类世界整体的一个微观镜像"。这一教训也适用于"当今世界的各种状况"。

## "夜与雾"真的消散了吗?

弗兰克尔详述了一门现在和当下的病理学,它"以暂时的、宿命论的、墨守成规的和狂热的生活态度为标志,这些生活态度很容易提高流行性精神病的比例",这正是集中营幸存者的症状。然而,通过对于自己的幸存的解释,弗兰克尔的确提出了一个存在主义的问题——自我欺骗的**意志**……

为了激励自己活下去,你允许自己欺骗自己吗?

并非如此。对我们唯一有效的准则是**先进行哲学讨论,然后去死**——在终极意义问题上给自己一个解释,然后才能挺身而出,作为一名殉道者死去。

意义的尊严具有终极的优先性,也就是说,即使意义的距离极为遥远,我们也能够忍受,甚至对这距离忽略不计。弗兰克尔颠倒了常识的原则——**先活着,然后进行哲学讨论**。

无论如何,我们终将不再存活。"与自杀相反的是被判处死刑的人"——千真万确,但是对于每个人来说,死亡都保留(maintain)在他们的态度中。(注:保留即继续、持存、维持之原因,而且也意味着断言为真。)

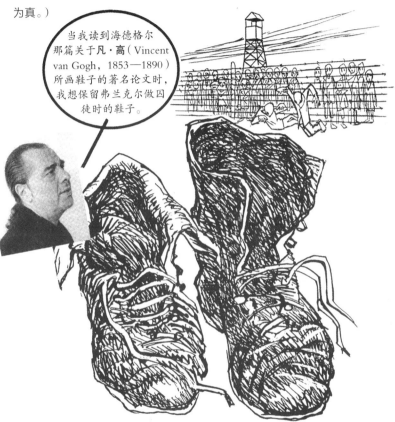

当我读到海德格尔那篇关于凡·高(Vincent van Gogh,1853—1890)所画鞋子的著名论文时,我想保留弗兰克尔做囚徒时的鞋子。

"从破旧的鞋内的黑暗开口中,劳动者艰辛的步伐向外凝视。寒风扫过田间漫长的犁沟,她在其间慢步跋涉,步伐凝聚着坚韧。鞋面覆盖着湿润而肥沃的泥土。夜幕降临时,鞋下延伸着田间小路的孤寂。在这双鞋上,回响着大地无声的召唤、成熟谷物宁静的馈赠以及冬日田野的荒芜。"

## 自我保存的自然态度

……或者生活的恶习。我只剩下加缪的问题了,这个问题当然有其非哲学的答案。我可以像多数人那样,仅仅通过继续活来反驳自杀。毕竟,反正这只是"一个时间问题"。我又陷入**暂时**或现象学家**埃德蒙德·胡塞尔**(Edmund Husserl,1859—1938)所说的"自然态度"(natural attitude),它给哲学带来的是问题而不是解决方案。但这么做未免期望过多,又为时过早——还是重新回到加缪的问题比较好……

我们在习惯思考之前就已经习惯活着了。

自杀需要两个因素:(1)认识到生命无意义的荒诞;(2)克服自己对生命的依恋(……身体因毁灭而产生的畏缩)。自杀通常要有一个足够"致命的"理由来战胜自我保存的本能——疾病、羞愧和绝望。

## 形而上学的或"纯真的"自杀

加缪注意到,"经过反思而自杀的人非常少……"是否有这样一种自杀,它未经各种有缺陷的理由(疾病、羞愧等)之污染,而是一种"合乎逻辑的安排"?或许可以说,不是出于抑郁的消极情绪的左右,甚至也不是出于恐惧或死亡自相矛盾的驱使?简言之,存在着完全**纯真的**(virgin)自杀吗?是的,一种任性的、形而上学的抗议?由于这种自杀太罕见了,加缪引用了文学作品中的一个例子……

但是,宣称为"一个理念"而自杀就没有预设某种动机吗?基里洛夫的理念**是**什么?

## 一个荒诞的推理

荒诞的推理驱使基里洛夫产生了致命的想法。"我知道上帝是必要的且必须存在。我也知道他并不存在且不能存在。"而这一认识本身就是自杀的充足理由。但上帝不存在,何以就能得出应当**合乎逻辑**地自杀的结论?基里洛夫荒诞推论的前提是:"如果上帝不存在,那么我就是上帝。"但仅**认为**自己是上帝并不能令人信服——要**成为**上帝,我就得杀死自己。即使就荒诞的逻辑而言,这也还不够清楚,直到……

直到我认识到,把神性带到地上才会实现其自由。

三年以来,我一直在寻找我的神性品质并且找到了。我的神性品质就是独立(independence)。

终结我的永生之奴役,就意味着以"我的理念"取而代之,但这也就引发了独立的最终结果。基里洛夫宣称,"人们只是为了不想杀死自己,才发明了上帝","这就是对迄今为止的世界历史的总结"。

## 荒诞禁止自杀

出于对人类的爱，基里洛夫必须杀死自己，向他人展现"康庄大道"。这是一次**教学式的**自杀。当然是这样，因为它是书中展示的一课，首先是在陀思妥耶夫斯基的书中，然后是在加缪的书中。他们的课程是什么？陀思妥耶夫斯基的基督教禁止自杀，而加缪基于纯粹无神论的理由，亦复如是。加缪通过**保留**荒诞得出了这个结论，他不否认荒诞，也不容许任何形而上学的借口。

自杀通过承认荒诞来**解决**荒诞。生活是对荒诞的充分体验，但二者又**不可调和**。这就是加缪的观点。不甘于荒诞并不能使我摆脱荒诞，反而会使我丧失了在真正荒诞的生活体验中自杀的资格。

## 死刑犯的缓刑

加缪希望我不仅"远离自杀",而且"没有上诉",就像他所说的死刑犯一样。好的,但他自己也注意到了基里洛夫行为中的某些矛盾之处:**他每天早上做体操以保持身体健康。**或许这与他致命的想法相左,但与在死囚牢房里保持健康的要求并不违背。那些死刑犯并未停止刷牙,更不足为奇的是,他们还致力于上诉,以期获得缓刑。

对于我们来说,死亡**只是发生在别人身上的**意外。在悬而未决的确定性和不确定性之间,存在着基调、质地和时间上的巨大差异。然而,对于你我来说,缓刑只是**暂时的**。

## 死亡是必然的吗?

生命与其意义无关——或者仅仅当我们罕见地面对它时——不过是与**无限期地**（indefinitely）活着有关。注意这个词的歧义："含糊的""不明确的"，但也有"**无限时间**"（unlimited time）之意。让我们把这种缓刑带入当前的21世纪，带入科学和技术的光明中，正如海德格尔预见的那样。

我们被交付给**技术**了，随之而来的是巨大的危险和拯救的承诺，它要求我们在另一种意义上来思考**本质**……

在何种意义上，技术对我们的统治可以使我们"洞察"（enlighten）这个世界的本质？

我们现在尤其被一种潜在复制的"技术-遗传主义"所包围。这意味着它"在本质上"是一种基因的延展，把暂时性延伸到终结性的未来。

## 技术最终是一种形而上学

生死攸关的是什么？死亡在本质上是一种潜能，它没有**进一步的必然性**。因此，人生的意义不再需要额外的意义。技术通过终结意义，最终为我们带来自己的意义。海德格尔想让我们返回并重新思考——不是我们哪里做错了，而是我们在哪里危险地做对了——"一个转向"，可以这样简化……

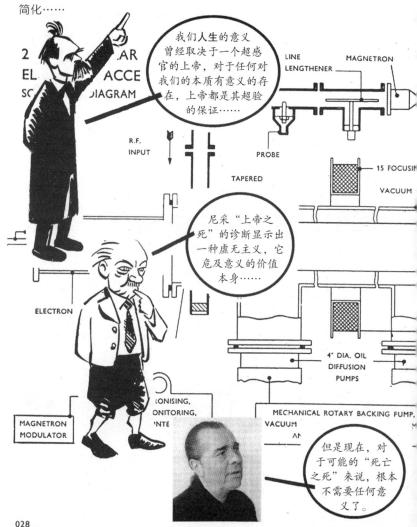

我们人生的意义曾经取决于一个超感官的上帝，对于任何对我们的本质有意义的存在，上帝都是其超验的保证……

尼采"上帝之死"的诊断显示出一种虚无主义，它危及意义的价值本身……

但是现在，对于可能的"死亡之死"来说，根本不需要任何意义了。

也许有人会理所当然地反对说,即使死亡的消失是可能的,也无法消除荒诞。

海德格尔的观点是,我们从技术中获得的东西(技术上的"补救措施"),通常并不必面临**所有事情**,例如,**实际的**核毁灭或**实际的**对死亡的消除。用他的话说,我们已成为技术的永久的"无限附庸"。

## 反遗传学的基里洛夫

作为技术缓刑的后果,意义被推迟和延期了——在熵值相同的条件下,某些改善总是"即将存在"。我想工程师基里洛夫若是活在当今世上(也许是作为一位持不同观点的遗传学家),那么曾经因"没有上帝"而死的他,现在则会为"没有死亡"而死……

对于可以无限期地延长寿命的想法,我们所有人都会觉得"亵渎神明",尽管我们本性上都厌恶死亡,逃避死亡。

## 意义的终极境域

**没有终极**(without limit)的生活是什么样的?——limit 源自拉丁文 limen(阈值)和 limitis(边界),用海德格尔的话来说就是非本真的生存。唯有在"向死而在的源始终极境域中",存在才会完全展开自身。

此在被畏抛入其终极境域的悬而未决状态中,从而获得了整体存在的可能性。

海德格尔把"人"称作 Dasien(此在),这个德语单词的字面意思是"那里的存在",这个词从根本上假定了一种存在之惊异,此在容易迷失于"现成在手的"日常状态之中。

海德格尔的目标,用最简单的话来说就是,除了**未来**,没有"在终极中"的存在(仔细考虑一下这个说法),这意味着"将死亡带入人的在场"。因此,意义是可能的终极,当我面对"虚无"的预期时,意义向我显示。

## 存在主义不是什么？

意义是通过我的虚无被给予我的吗？这意味着什么？我甚至还没有给存在主义下定义，就已被卷入其"严肃的技术性"了。有一点是清楚的。对于自杀问题，无论是在海德格尔、萨特，还是在加缪的回应中，我都不会找到任何**预先确立的意义**。有人会建议："去看看基督教存在主义者那里吧。"或许我稍后会去看，不过就目前而言，我对贝克特形而上学的嘲讽也很满意……

没有什么比不幸更有趣了。

他是对的。不幸是如此寻常，以至于它不应再受侮辱。比如自杀。

为了确定什么是存在主义，我将再次受挫。对我来说，一条更好的路线或许是，发现存在主义**不是**什么。

我已同意,不要被诸如"痛苦"这样丰富多彩的语词误导。我也同意,不承认文学,而要坚持"严肃的教学式的"研究,就像我将从海德格尔讲堂极端主义中的所得一样。我甚至开始隐隐感到,否认预先设定的意义本身就是一种逃避。或许,存在主义在根本上只是一种从属性的、"躲进意义中"的研究。加缪自己就是一个坚定地以非技术方式写作的人,其作品有莫扎特式的清晰——他也是这样说的……

典型的逃避行为,致命的逃避……是希望。一个人对另一种生活的希望一定是他的"应得"或欺骗。对于那些并非为了生活本身,而是为了某种伟大理念而活的人而言,就是要超越生活、完善生活,赋予生活意义,以及背叛生活。

好,我至少认同这一点。我还要面临哪些挫折呢?

## 没有人是存在主义者吗?

的确还有一个更大的挫折令人陷入僵局。没有人同意自己被归为"存在主义者"。

我把存在主义的态度称为**哲学的自杀**,否则怎样从世界的意义匮乏状态开始,最终找到其意义和深度呢?

加缪坚守**荒诞主义者**的身份,从而取消了自己存在主义者的资格。

思让存在存在(Thinking lets Being be)——这必须被理解为我和存在主义之间不可消除的距离。

当今唯一的哲学是马克思主义。直到现在,存在主义还是一种寄生在在其边缘的意识形态。

## 记忆的恢复

否认、取消资格和持续的延迟——这将在哪里结束呢？我谈到过存在主义的核心：一种朦胧的"背叛"——或许称其为"拒绝"更合乎其本性。问题是，拒绝什么？

我提出了一个悖论。存在主义是哲学的虚假记忆综合征。

存在主义源于对埃德蒙·胡塞尔的现象学的不忠。我在那个故事中寻求记忆的恢复。它主要讲述了主张存在主义的两位竞争对手——海德格尔和萨特——他们都否认存在主义，而且存在主义的创始人也被默认为或误解为胡塞尔。这就是一场反对现象学"科学化"的混战中会发生的事情，这场战争持续了三十年。

## 存在主义的起源

我的剧本被还原为三个对立人物了。我回溯到存在主义肇始之前的时代，问题是将他们三人置于何处。我从1933年的萨特开始讲起，他的路线的确导致了存在主义的"发现"。那一年他在柏林深入地研究了胡塞尔，并在一定程度上研究了海德格尔。他在其中发现了关于"反对、认同、误解、曲解、拒绝、超越……"的"区域史"。

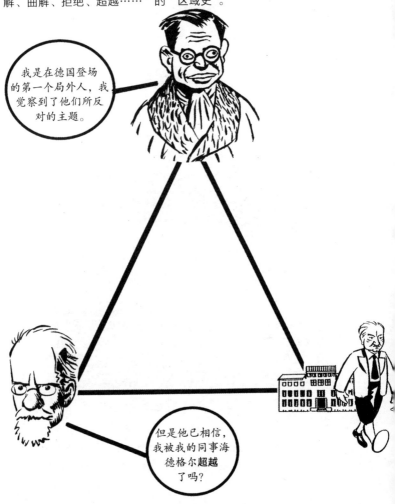

## 海德格尔在何处?

从1919年到1923年,海德格尔一直在弗莱堡大学,做胡塞尔的助手。作为亲密的同事,他得益于"尽可能自由地使用胡塞尔的私人手稿的权利"。1928年,他继承了胡塞尔在弗莱堡大学的哲学讲席,并于1933年4月成为该校校长。海德格尔发表校长就职演讲时,表达了对刚刚当选的希特勒政府的支持,因而声名狼藉。

## "一体化"运动的一位受害者

1933 年是制度**一体化**（Gleichschaltung）的关键一年，这意味着要与纳粹主义"步调一致"，即国家全面控制公共生活，非雅利安人在法律上被禁止参与公共事务。我们知道那可怕的后果……

但是，在 1933 年，这**后果**可以被预见到吗？

"一体化"运动对胡塞尔造成了怎样的影响?作为一名犹太人,他登上德国的公共讲坛是违法的,他的教学资格被取消了,由于种族法令,他成了一个"非人"。至少在1935年的布拉格,他还可以自由地发表演讲,那次演讲的题目是**"欧洲科学的危机与先验现象学"**。我只能想象,这场演讲就像维克多·弗兰克尔的演讲一样,几乎被"夜与雾"的降临阻止。

在此,他以"非理性"之名谈及最初的几位"存在主义者"……

我承认你直接说出的危机……

"在我们不可或缺的需求中,"你说,"科学对我们无话可说"。

## 与生活相关的哲学

胡塞尔提出的"危机"的确是一种"存在的"危机,但用他的话说,是一种科学与生活之间的**哲学化相关**的危机。因此,这一危机早于纳粹主义,并将作为20世纪唯一最具决定性的问题而持续存在。海德格尔早年遗弃胡塞尔的现象学,这一事件的重要性被他对纳粹主义的信奉给掩盖了。**卡尔·雅斯贝尔斯**(Karl Jaspers, 1883—1969)于1911年将现象学应用于精神病学领域,并率先冒险进入**存在哲学**,而他并没有犯下海德格尔那样的政治过失。

胡塞尔在1913年要求哲学应成为一门"严格的科学",我反对这一要求……

因为雅斯贝尔斯那时发现,克尔恺郭尔确立了一种"存在主义"。

即使不喜欢雅斯贝尔斯的**存在哲学**,我也赞赏他毫无退缩的反纳粹主义立场。

## 现象学的幽灵

如果身处 1930 年代，我应该如何看待"区域史"与"反对"的紧密联系？萨特将胡塞尔误认为存在主义之父，因而受到指责。但是，坚持宣称现象学是一门"先验主体性"的科学，也属徒劳无益。我们留下了某种想象新时代的"物理之道"。最好是把胡塞尔当作哈姆雷特之父的幽灵，即那个被背叛和杀害的国王，他推动这出戏剧展开。或者，他是令哈姆雷特败坏良知的"虚假记忆综合征"？

然而，谁是哈姆雷特？海德格尔，还是萨特？

对于这种"与生活相关的哲学"，存在主义者比我讲得更好，我能接受这一点吗？

若不接受存在主义比胡塞尔"讲得更好"，则意味着要恢复现象学对**意识本质的回归**。

## 镜中对手

"返回到意识",这意味着什么?难道我陷入精神分析的泥潭了?我注意到二者间一些奇特的相似之处。1900年,胡塞尔出版了**《逻辑研究》**。同年,**西格蒙德·弗洛伊德**(Sigmund Freud,1856—1939)出版了**《梦的解析》**。两部作品叙述了有关意识和潜意识的两种不可调和的学说。他们两位还都是犹太人,都出生在摩拉维亚,寿命也几乎相同。他俩甚至长得还挺像……

1913年,荣格与弗洛伊德决裂;但他与海德格尔的相似之处出现于1934年,当时他接受了由纳粹赞助的德国精神治疗协会主席的职位。

相似之处就到此为止吧。不同之处是，弗洛伊德的"返回"的含义及其公认的随之而来的潜意识，与胡塞尔的"返回到意识"相比，有明显的差别。

意识在何种意义上存在，绝对不是精神分析预设的自然的、前给予的"存在"，不是幻觉，也不是认知科学主张的大脑的随附物吗？究竟是怎样前所未有的"科学"，将所有这些看法一概排除在研究之外？

## 胡塞尔的使命宣言

要了解胡塞尔与一切通常的经验预设相去几何,最好是用他自己的话来说,这关乎他现象学使命的信条。

> 鉴于科学的诸多缺陷……我们在哲学上要求一个无预设的开端,一种全新认识的生活、一种真正彻底的生活。对生活的要求开创了一门奠基于绝对正当性的科学……但是,这种绝对的彻底主义,对于一个想要成为哲学家的人,在"哲学家"这个词最本真的意义上来说,就意味着他要服从于一个相应的决断,这一决断将使他的生活成为**绝对献身**的生活。通过这一决断,主体变得自决(self-determining),甚至是严格地自决,在其人格最深处,用他一生的时间,致力于理智价值的普全领域中最好的东西以及至善的理念……主体选择"最高的知识"作为其真正"使命",彻底地决定或被决定,并作为一个实践的自我而为之绝对献身。
>
> ——摘自《笛卡尔式的沉思》(1929—1931)

胡塞尔的严格科学更容易被背叛，而不容易被追随——他也不想要追随者，而只希望有一个由同事组成的"诺斯替共同体"来进行那永无止境的哲学工作。我们应该从其开端处来理解存在主义——从雅斯贝尔斯最早前往存在主义开始——就表现出对科学的不耐烦。那么，为什么胡塞尔的宣言也从科学的"缺陷"开始呢？他在1935年的布拉格演讲中讲得很明确。普朗克的量子"不确定性"，或爱因斯坦所谓的"相对论"，也许会破坏牛顿的经典物理学，但是物理学本身仍然是一门精确的科学。

困扰胡塞尔的不是精确科学的精确性，而是事实材料如何**被赋予**客观性。

## 主体与客体之间的差异

你可能会认为"精确性"和"客观性"是一回事。二者作为一种标准或许的确如此,但是对于胡塞尔来说,这留下了一个简单却又恼人的问题:主体与客体之间的差异。考虑一下这句话中的两个词:"事物并不凭借其**解释**而**存在**。"或者它们就是这样?这种**存在**如果不是一种出人意料的**解释**又是什么呢?让我们再来看一个与现象学关系更为密切的句子:

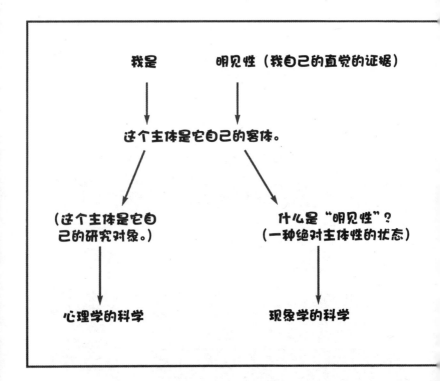

科学跟一门"与生活相关的哲学"可悲地疏远了,这一说法是一个令人不安的征兆。这么说是模糊的。分析一下,它意味着什么?对于分裂成**生存的**存在和**理论的**存在的主体来说,"疏远"的因素已经内在于主体之中了。生存的存在意味着**我自己**在这个世界之中**在场**。理论的存在意味着作为**某些他者**的主体,他们具有非人格化的明见性。

**生存的**　　　　　**理论的**

借一个从未被阐明的意识,我栖居于两个分离的维度。

一条指导线索贯穿于即将出现的迷宫……

**如果心灵没有不可还原的复杂性,还原论就不可能成立了。**

## 自然态度和理论态度

世界作为一个整体,显然是预先被给予的(pre-givenness),我作为一个在世界之中生存的主体,也是预先被给予的。"我在这里"确定无疑地说出了这一切。"事情就是这样,毫无疑问。"但这种不成问题的**自然态度**与**理论态度**所分享的是同一个客观世界,理论态度自科学中崭露头角。当然,科学会问,何以让"事物如其所是地存在"?我们通常会忽略从一种态度到另一种态度的心理转换,这种转换是决定性的。

我们转换了**信念**——从"事情是怎样的"这一显而易见的视角,到从它们得出的**推论**,这一推论完全把握了我们的确定性。

所以,正是科学——一种理论上的确定性——完全占据了我们的自然态度领域,并因此被"自然化"为唯一的世界观。

世界的预先被给予是毋庸置疑的,这个预先被给予的世界之中的我,既是**为法则所解释者**,又是这些**法则的解释者**,这些法则支配了它们所发现的世界。在这个简洁的回答过程中,毫无疑问在世界之中的我,是否忘记了什么?是的,我忘记了我是**如何**在世界之中的。这不是在任何宗教的意义上说的,而仅仅是说,**显现者**如何被给予。

确切地说,我的问题是——"意识在何种意义上存在?"

自然态度通常把**存在者**看作理所当然的东西。通过对于"存在者"的强调,我意识到了理所当然之物的不确定性。我这一次看到的世界,就是我**已经置身于其中**的世界。

## 怀疑主义的个案史

胡塞尔说,他的问题要归功于最无情的开明怀疑主义者**大卫·休谟**(David Hume,1711—1776),休谟将我们最为珍视的一切自然信念,包括**同一性**本身,都还原为心理的虚构。

## 我思故我在

**勒内·笛卡尔**（René Descartes，1596—1650）与胡塞尔具有奇特的相似性。二者的思想都源自他们对时代前沿物理学的数学认知——对于笛卡尔来说是**伽利略**（Galileo，1564—1642）的物理学，对胡塞尔来说是量子理论。他们都关心一个素朴的问题——**什么是确定性**，这个问题摆脱了所有以前的哲学。笛卡尔从他的这个问题开始："我**怎能**确切地知道，科学主张的一切都是客观真实的呢？"为了回答这个问题，他采取了前所未有的步骤，对所有公认信念的有效性进行怀疑。

## 笛卡尔重大的错误

笛卡尔对世界进行了最严格的还原,由此得出了一个毋庸置疑的事实。只有思考着这种还原的"我"是绝对确定的。*ego cogitans*("正在思考的我")是一个自身演绎的公理,它保留了世界剩余的明见性,是其他一切所从出的"原点"。笛卡尔觉得在**维护主体性**的基础上,我们有权利追求客观性。

但这个"自我"(ego)是一个生存的主体,还是理论的主体?

笛卡尔的最大的发现正是他最大的错误……

您为何这样说呢?

世界无疑是存在的；但思考着世界的我的自我却并非世界之中的某物（thing）。在现存事物的世界中，你在哪里会找到"我思"？对某物的意识是**心理的内在存在**（psychical inexistence）。

# *res cogitans*：思维之物

对笛卡尔来说，心灵是一种特别的东西，唯有经过内省才能得以理解。这里有一个漏洞，为怀疑主义敞开了大门。这个心灵之"物"要么是一种可被驱除的"机器里的幽灵"，要么必须是客观科学（在这里就是经验心理学）的一种正当研究主题。对于后一种立场，我们从**约翰·洛克**（John Locke，1632—1704）开始讨论。

## 怀疑主义的可恶陷阱

把一个思维实体还原为它的感觉材料的物质成分，这个思路至少有一个优点：显示确定性。然而，果然如此吗？心灵中的感觉材料具有无可否认的永久性，这不能进一步表明**感觉的独立存在**吗？它给出了什么确切证据，以证明世界**真实存在**？洛克的观点被乖张的小恶魔**乔治·贝克莱**（George Berkeley，1685—1753）推翻了，后者是克洛因的主教。

如果我把物理世界当作我自己的心理印象的虚构，会怎样？esseest percipi：存在就是被感知。在我所感知的这个观念之外，并无"外部的"世界。

为何止步于一个虚构的"外在"世界？心灵不也是其自身知觉的虚构吗？

从笛卡尔的自我确定性到休谟的同一性虚构，我们追溯了一个恶性循环。

## 生存的牺牲

无论彻底的怀疑主义走得有多远,它都停留于自然态度和令人困惑的预先被给予的世界之中。难道无法摆脱这个循环吗?有办法——显然,通过科学就可以"超越"休谟"素朴的明晰性"问题。这就是胡塞尔坚持要求我们把握的悖论。

若以生存的牺牲为前提,科学在理论上总是可能的……

我更喜欢将其命名为存在的遗忘。

海德格尔的限制条款告诉我,在这里会遇到存在主义——在科学危机中——一个我通常不会指望的地方。

## 这是谁的"危机"?

对于科学如何完全占领了我们**在世界之中的存在**,我们的视线总是漫不经心,海德格尔据此正确地指出,科学的"危机"不是科学本身的危机,而是我们自身的危机。这一观点表现出对胡塞尔的立场的不耐烦。对海德格尔来说,当今科学与哲学的分离已如此之远,以至于我们无法看出它们最初是结合在一起的。事实上,哲学已经屈从于常识的虚无主义,与真正"万无一失的"科学毫无联系。

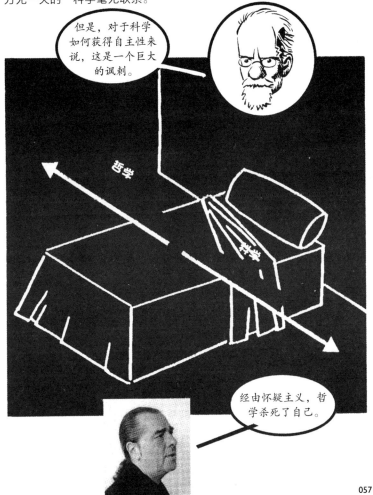

## 通过思维的经济原则自杀

从笛卡尔开始,怀疑主义通过一系列的还原来消解哲学,使哲学关于"存在者"的思想日益趋向经济原则。直到我们最终陷入科学的**还原论**困境,它**只不过**是本质主义的论题,诸如"红色只不过是某种具有特定波长的光"。

科学的"缺陷"在于它的"背叛":从世界的预先被给予性到理论化的客观性。科学并未因此而变得不那么"精确",而是恰好相反——但这从来都不是胡塞尔担心的问题。他自己的无缺陷科学用一句座右铭来说就是:"回到事情本身。"他的意思是,要回归到原初预先被给予的材料,这些材料属于意识本身。

现象学可以用**现象**(phenomena)一词概括——"事物向我们**显现**(appearing)何以可能?"。

他是否在暗示,事物有某些额外的"光环"?事物本身对我们而言,为什么不仅仅是现成在手之物呢?

我也有一个关于胡塞尔观念论的问题……

胡塞尔的"观念论"将成为存在主义离弃他的科学的借口。

## 关于悬搁的笛卡尔式沉思

胡塞尔是从笛卡尔开始的地方重新开始的,是的,从**还原**(reduction)开始。出于并非偶然的原因,他回到了"还原"这个词最初的希腊文形式:"epochē",这个词是怀疑主义的创始人**爱利斯的皮浪**(Pyrrho of Elis,约公元前 360—前 272)创造的。这个词兼有"意向"和"中止"之意——一种不可动摇的立场——建议对一切哲学中止判断。

我们的目标是达到**不动心**(ataraxia)——一种持续的心灵**静止状态**。

据说,认识的不确定性只能带来不幸。

马上就可以看到海德格尔对此的不满……

海德格尔热爱早期希腊的"前苏格拉底"哲学,他不允许任何可能源自怀疑主义的线索出现。

海德格尔著名的问题"'存在'是什么？"，重述了原初的存在的真理，"**存在者**存在"。这是由**爱利亚的巴门尼德**（Parmenides of Elea，约公元前515—前445）首先提出的。作为回应，胡塞尔会转向另一位前苏格拉底的教师**普罗塔戈拉**（Protagoras，约公元前485—前415）。普罗塔戈拉说："人是万物的尺度。"这不是对知识的傲慢断言，而是对**还原的界限**的声明。一种理论态度——希腊人首先对存在的世界采取的态度——立即认识到自己不如自然态度对于"存在者"的认识那样丰富。

知识已经分裂为两个目标——

理论的兴趣（科学）和

生存自身的兴趣（智慧）。

## 胡塞尔的悬搁

对胡塞尔来说，**悬搁**（epochē）是怀疑主义没有兑现的承诺。一切怀疑主义想要的是什么？确信（certitude），即使以确信本身的毁灭性的还原为代价。在科学之精确性（为此牺牲了**生存的**确信）的重大进步中，我们失去了什么？意识的存在被忽略了。海德格尔则会说"存在的历史"被遗忘了，而不是意识被遗忘了，他对意识不感兴趣。

我们立场接近，但又如此不同，因为我们在研究中赋予"生存的"以不同的地位。

"生存的"这个词在胡塞尔那里并不常见。

我的目标是笛卡尔式的：赋予意识以确定性，笛卡尔让意识受制于怀疑主义。

## 意识在何种意义上"存在"?

对于胡塞尔来说,意识的确定存在必须从这样一个事实开始:意识**不是物**。显然,这是一个没有前途的开端。不存在者怎能存在?更糟糕的是,存在**确定**吗?这个问题显然与海德格尔的问题恰好相反。

然而,这个问题以某种离奇的方式"让我想起",

我立足于这种意识的虚无中,它无疑是"在场"的。

更好的说法是,意识在世界的在场中"脱颖而出",在这种情况下,我是对我**自身**知觉的一种在场,因为**其余一切**都是为我在场的。**显现**本身就是意识的非物性以某种方式显示。

063

## 加括号的注视

我怎样才能**回归**向我"显现"之物的本源?我的思维在习惯性地持续流动。我看到"吸引"我的注意力的某物——比如说一棵树。悬搁、"中止"了,我中断并转移自己的注意力,从显现的对象回到意识的显现行为。我让显示行为的流逝稳定下来。

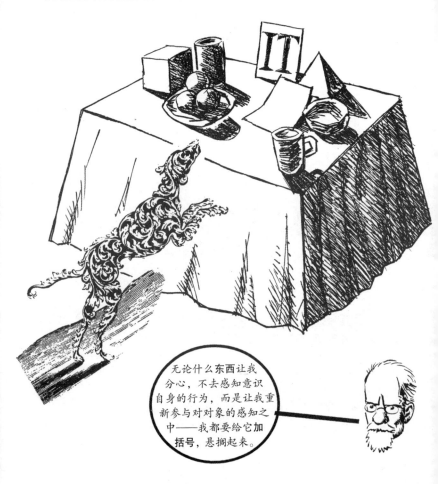

无论什么东西让我分心,不去感知意识自身的行为,而是让我重新参与对对象的感知之中——我都要给它加括号,悬搁起来。

存在者**在那里**放弃了知觉的有效性,但并未设定内在存在。相反,它的存在是危险的,可能使我的**悬搁**陷入失败。我试图将事物的有效性中立化,以把握意识自身的显示。

践行**悬搁**的结果是一种眩晕,这种眩晕成功地让世界**消失**。我凝视着深渊,就像我沉思着自杀。

## 一个自杀的样板

对于**悬搁**与自杀的相似性,我是不是过于夸大了?怀疑主义者将同一性最终还原为虚构,才最接近于我能想到的真正的自杀,是一个自杀的"样板"。胡塞尔的**悬搁**则与此不同,或者与此相同?他不是肯定了将自我的**心理的内在存在**还原为它的意识吗?我还是回到并重述加缪的自杀问题吧……

人的存在有什么独特之处?它可以从自身终结的问题开始吗?这个"它"是什么?

当我意识到"我处理的不是**谁**,而是**它是什么**?"时,这个问题就不再是存在主义的,而是现象学的问题了。"处理"(dispose of)这个词充满了歧义,它有效地揭示了自杀隐藏的东西——不仅是对自己实施谋杀的"这个人"(自身),而且也是被假定无效的主体。更有力的说法是:"我"杀死的这个预先被给予的主体,并不存在。

在处理对于"我自身"的**悬搁**问题时,胡塞尔注意到了一个自杀的样板。一个事件有助于说明这一点。胡塞尔曾邀请海德格尔协助他为 1927 年版**《不列颠百科全书》**撰写一篇关于现象学的文章。胡塞尔在他的初稿中写道……

海德格尔对"悬搁主义者"的意识不满,在**《存在与时间》**中,他用**此在**替换了意识,此在是一个神奇的流行语,它不仅指"在那里",而且还表示"此实体、**人自身**"。

## 自杀的约瑟夫彩衣

由于胡塞尔 20 世纪 20 年代的手稿中一条关于自杀的注释,这一事件变得复杂起来了。海德格尔承认自己可以"尽可能自由地获取"这些手稿。他在其中发现了什么呢?

> 我必须存在吗?任何人必须存在吗?"我存在"的明见性,与假设的世界具有相关性的人的明见性相比,是否更多?而且,为什么不能有一个"多彩的"自我呢?相反的情况是不可设想的;我无法设想,我可以通过瓦解经验的相关构造来实行**个人的**自杀,即使我的生命客观上毫无意义,却仍然是这一自杀的可能性基础……

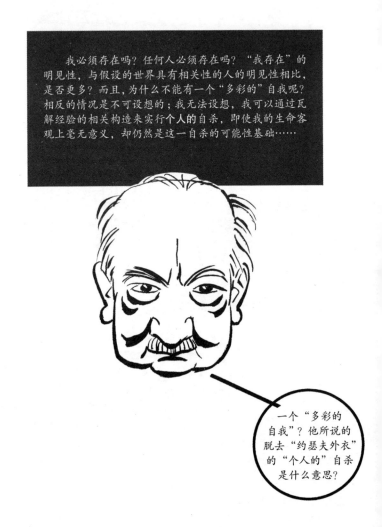

一个"多彩的自我"?他所说的脱去"约瑟夫外衣"的"个人的"自杀是什么意思?

## 怀疑主义者不可告人的秘密

"……我必须存在吗?任何人必须存在吗?"——这是海德格尔 1929 年题为"什么是形而上学?"的演讲中**专门**提出的问题,在这次演讲中,他还提出了一个著名的问题:"为什么物存在,而无反倒不存在?"据他所说,这个问题来自形而上学家**莱布尼茨**(G. W. Leibniz,1646—1716)。

这是对胡塞尔的答复吗?就像一颗难以消痛的牙齿,隐藏在《存在与时间》中……

"怀疑主义者不能被反驳,正如真理的存在不能被'证明'。如果任何一个否认真理的怀疑主义者事实上**存在**,那么他甚至都**不需要**被反驳。就他**存在**以及在这一存在中理解他自身而言,他已在自杀的绝望中抹去了**此在**。在这种情况下,他也就抹去了真理。因为此在就其本身而言,不能首先被证明,真理的必然性也不能被证明。"

## 萨特论自杀

胡塞尔式的意识和海德格尔式的存在中的非人性成分,在**《存在与虚无》**(Being and Nothingness)中,被萨特彻底人性化了。对他来说,生存就是真正的**自由**,意识的"虚无"赋予我自由,使生活成为我选择的一个方案。唯有未来能够给我以意义。死亡就是不再接受意义。

自杀作为我人生**最后的**行为,否定了这个未来,因而毫无意义。

对于自杀以外的解决方案,即使不一定更可取,仍是可能的。我可以接受这种荒诞。

这是一个人道主义者的回答,清楚明白,正确而又急切。它没有回应在自由中**难以理解**的东西。

## "自在"与"自为"

自由的基础是什么？萨特答道：意识的**虚无**。它产生了一个"精神鸿沟"，一端是我自身，另一端是非意识的实在世界——以及想象的距离。在意识以外，只存在着**自在**存在的尚未分化的完满性，自在存在对我具有的物质的抗力，却通过我的意识活动获得形式与意义。人完全是这种**自为**存在的行动，因而具有惊人的自由。

自由是我们无法摆脱的境况——我们尽可能地遁入自我欺骗来逃避自由，这也是一个**选择**。

我接受穷人的自由观，自由是我浪费不起的东西。

萨特那部不朽之作的名称，让人联想到海德格尔的《存在与时间》，前者的一个小标题是"现象学本体论概要"，似乎是在支持胡塞尔。萨特与这两位孰近孰远？

## 自由地为死而在

萨特赋予心灵的自由行动以特权,这种行动以某种方式构成存在,这是一个人道主义的阐释,它误解了海德格尔的主张:"只有人类存在,才**有**(es gibt)存在这样的东西。"这听起来当然像是"存在主义的"的说法:存在只向**人**开放。海德格尔在战后的1949年出版了**《关于人道主义的书信》**(*Letter on Humanism*),反对萨特提出的存在主义的人道主义,并限定了 es gibt 的真正意义:"给出"。

我一如既往的意思是:人仅仅是存在当中的"澄明",存在"给出自身"……

我想知道你在**战前**是否也是这个意思。

换句话说,存在不仅在我们身上"发生",而且是一个礼物,它的赠予也可以被收回。人绝不"构成"存在。

## 历史的决断

海德格尔的自由是什么？它在**战前**是什么？在出版于 1927 年的**《存在与时间》**中，他说"自由地为死而在是**此在**直截了当的目标"，一个只有面对**本真的历史化**才可能的决断。读到这几页，我不能不怀有一种不祥的预感，并就下面这件事做出评论：在事后的 1949 年，海德格尔仍未回心转意……

"如果**此在**先行让死亡在其自身之中变得强有力，那么自由地面对死亡的此在，就在它自己的**超强力量**中领会自身了。这力量属于它有限的自由。因此，此在处于这种自由中，这种自由唯有当此在做出这样的选择时才存在。它可以接替放弃这样做的无力，并对展开了处境的种种偶然时间一目了然。"

## 也发生在1927年

海德格尔有机会主义者的权力意志,萨特或许也有,但后者由于抵抗运动而持相反的理由。海德格尔的自由观念是一种与人无关的"让存在存在"。这是一个让世界放任自流的问题,还是一种伪装的"决断主义"——把我们抛给一个**更高的原因**?

我陷入了一个巨大的历史"问题",据说胡塞尔对此不感兴趣。

回想一下我在1927年说过的话……

"……生活是一种向前的生活,它的后边和旁边也都有生活,但它不仅在一种自然的外在性之中,更在一种**意向性传统**的内在性中。我们也可以说,生活彻头彻尾是历史的,向前的生活是一种从生活中走出来的生活,有其意义和存在的预示。这一预示作为历史的预示,将自己的历史谱系封藏起来。作为一种可以再次被展开的东西,它可以被揭示,可以通过发问被提取。"(《自然与精神》,1927年讲座)

## 哲学有办公时间吗?

马克思主义哲学家**阿多诺**(T. W. Adorno,1903—1969)说,海德格尔"颂扬死亡",并将其转变为"学术界的职业秘密"。这真是一个惊人的讽刺。不过,阿多诺自己就是一名学者,胡塞尔也是,甚至连萨特也是,作为毕业于巴黎高师的精英,却把他的官方"讲席"搬到了花神咖啡馆。一出哲学家的喜剧?对于1935年的胡塞尔来说,这是一个严肃的**职业**问题。他注意到,存在主义者的嘲笑是正当的,"职业"思想家像中产阶级一样计时工作。

## 生活在（无）偏爱中

我们都期待从日常工作中得到放松。在多大程度上是这样？对于那些激进的遗传学研究者来说呢？或者，对死亡集中营里的指挥官来说呢？他整天辛勤工作，然后期待着什么？这是荒唐的夸张吗？我、我们以及所有人都以常态的二分法生活着，这是一种双重的生活与生活**对抗**，即**为**某事而活与**依**某事而活的冲突。

我们说"他为他的工作而活"。工作就是他的目标或目的本身。

其他人则更为明智地**依**其工作而活。工作为他们的消费和休闲提供条件。

无论以哪种方式生活，我们都生活在一种**无偏爱**状态中，但总是"在数小时内"有所偏爱．这两种状态都允许自我意识的中止，要么通过逃避，要么通过装作无知。那么，一种"哲学生活"是什么样的呢？

## 职业的生活问题

胡塞尔认真地反思过以哲学为业的生活问题。何谓职业？这个词过去的意思是对祭司的召唤，即一种信仰的"从业者"。对于哲学家来说，就是对留心的召唤，但并不以留心自诩，除非他唤起了**他人**的留心。海德格尔和萨特将这种"召唤他者"理解为召唤存在……

朝向在历史之中的存在**本真地**生存。

投身于不被欺骗的存在。

这仍然是生存的，而且只是与理论相关的一个"部分"而已。

**心灵的无偏爱取决于有偏爱的存在。**"偏爱"关乎主体的全部负荷，而主体被分裂为生存的和理论的两个部分。我该怎样理解这一点？

## 括号中的整体

在一个被给予的世界中,我完全是这个世界的一部分,将为我存在的东西置于"身后",这似乎是一件难以解决的事。存在状况无比真实,而胡塞尔的**悬搁**行为的目的就是揭开存在状况的面纱。至关重要的是,这不是被给予性的真理,而是**被给予性的条件**——包括客观世界之整体,以及在这世界中自然地存在的我的"我"——二者都为**悬搁**所中止,目的是为了回到意识本身之所是,这是任何可能之**显现**的绝对第一开端。

"被给予的存在"被置入括号之中……

悬搁所中止的不是事物的存在,而是存在对意识的权利。

胡塞尔的**悬搁**中止(加括号)被给予性的"我"的心理预设。此时,事物依然如实到位,却**难以理解**。

## 原初地观看

难以理解吗?是的,就像之前对萨特自由观的讨论一样。自由通过把自己"奠基"于虚无而被揭示出来了吗?几乎没有。胡塞尔也会受到这样的责难:你的"绝对第一开端"是否可行?对于一个清楚明白的世界以及我对这世界的观念来说,还能有什么"其他"开端呢?在我的自然态度中,对我呈现自身的东西是我的知识的**可靠来源**,这是显而易见的,但不是自明的。怀疑主义在此引发了很大的混乱。

我怎样才可以不受任何理论假设和解决方案的曲解,原初地观看事物呢?

如果这是可以设想的,那么这段旅程就是向"无预设"状态的回归。

## 意向性问题

"存在者"是连续不断的,因此,**悬搁**想要"停下来",这即使不是不可能的,也是困难的,因为意识总是**关于**某物的意识。这就是物的魅力所在,甚至我自己也是我意识到**的**某物。当然,认识到思维是有意向地指向某物,这是显而易见的——如果这不是微不足道的。这个关于意向性的事实是素朴而无关紧要的,胡塞尔并不急于远离它。对他来说,意向性有两个方面……

意向不仅指向性地**把**握某物,而且**对于**一个对象的指向性,也以某种方式构成那个对象。

正是由于对上述第二个方面——**构成的**方面——的洞见,实在才变得难以理解。

## 剪断脐带

当我忽然惊讶地意识到,世界作为一个整体而**存在**,而且只能在我的意识中如此显现时,我完全无法解释,某些假定的意识"生活"怎能实现这个奇迹。生存怎样通过经验,把自身显示为某种**用于**证明之物?此时,存在的实在性变得离奇难解。

"我不能克服它"——这正是实在之物对于我们的意义。破坏这种自然联系会使人"茫然失措"。

## 只是语词问题

意向性的可疑方面——我通过它在我的意识中神秘地"构成"事物——使我陷入"先验地素朴的"状态。这里有个词叫作**超越性**(transcendence),还有一个同样不友好的词叫作**内在性**(immanence),哲学家们经常使用。简单地说,这两个词是什么意思?让我们看看它们的拉丁文词根……

海德格尔说得对,语词词根的起源往往可以说明:在存在被遗忘的历史中,我们身在何处。

trans(超出)cendence(攀登)= "go above"(向上移动)

im(向内)manence(停留)= "stay put"(原地不动)

内在性是预设存在的基础:它作为自然态度中被给予的东西"原地不动"。

超越性则质疑任何可能的、关于存在之主张的有效性:它在被给予的东西中并未"原地不动",而是预示着要为更多的澄清而"向上移动"。

## 没有什么可超越语言

或者,海德格尔是错的,"存在"只是一个语词问题?**德里达**(Jacques Derrida,1930—2004)说,**文本之外别无他物**,意思是:在语言之外,没有什么是我们可以直接指称的,因为所有语言指示的都**只是语言本身**。

语言如何确证在它本身之外别无他物可指示?它必须"超越"自己的内在性,才能"看到"这一点。语言(在德里达的意义上吞噬着"文本")必须是**部分的**——否则怎么认出它所说的是"为了"什么呢?把语言归咎为怀疑的附庸,这是怀疑主义最后的后现代主义伪装。

## 侧显——对侧面的感知

矛盾在于:语言部分地是它自己的整体。我们对所有其他事物的感知也是这样。对现象学至关重要的是,我们实际上并未看到**任何事物的整体**,但我们对事物整体性的信仰并未因这一事实而动摇。事物只在**侧显**(Abschattungen)中向我们显现,必须在"诸侧面"中次第展开。我可以看到这个杯子的正面,但不能**同时**看到它的背面。我可以看到一个立方体的各个部分,但不能**同时**看到它的所有侧面。这种不同视角的多样性如何被再造为"同一个"对象?

通过我们直观的**预期**,一个对象的诸侧面被关联起来……

我看到我的正脸,并"预期"我的侧脸。如果不借助镜子,我会"知道"我后脑勺的样子吗?

现象学需要让心灵感知的自然节奏大幅度**放缓**,准确地说就是:在时间性的暂停中"观看"事物的本质。

## 博闻强记的富内斯

我有一个故事有助于我们的理解。这是一个由阿根廷作家**豪尔赫·路易斯·博尔赫斯**（Jorge Luis Borges，1899—1986）讲述的故事。由于大脑受伤，富内斯要忍受"无法消除的记忆"——**他不能忘记任何事情**。细节的完整性令他眩晕："困扰他的是，3:14 的狗（从侧面看）和 3:15 的狗（从正面看）有相同的名称。"他不能把无穷无尽的"记忆的"部分重构为整体。

实际上，在富内斯的一切记忆中被撤销的东西就是**时间**。因此，这是一篇有启发性的小说。

## 全神贯注是否可能?

我听莫扎特的《朱庇特交响曲》时——在更大程度上,我是在尝试听自己的听。就在我听的时候,我刚刚听到的那个音符发生了什么?

音乐是一种**时间客体**。如果音乐不以某种方式"存在"于意识流中,那么它就**不会被听到了**,**意识流**可以维持"现在"的音符,并伴随着相关的"过去"音符和预期的"未来"音符。那么,我的注意力的独特努力呢?难道它不能选择对音乐或我自身**不注意**吗?日常用语中的"走神""心不在焉""陷入沉思",也就是说,总是**时间性地部分上**存在。

## 不变性在哪里?

生存就其时间性而言,可以说是"像电影一样"。我是一个不断地"遗忘"的**活的当下**。我生活在各部分幻影中间,不偏不倚,心满意足。在这流变之中没有不变的东西吗?或许,只有像胡塞尔那样受过变分法训练的数学家,才会注意到直观中被给予的、特殊的"形式实在性"……

在数学、逻辑学和几何学等纯形式领域中,唯有直观才可以抓住"不变的整体"。

这两个不一致的图形是被分解的棱锥平面。

## 柏拉图洞穴中的影子

胡塞尔使用的 Abschattungen（侧显）一词，在字面上就相当于英语中的 adumbration（轮廓），这两个词都有"在幽暗的轮廓中再现"之意。这让人想起柏拉图**《理想国》**中的故事：在一个洞穴里，囚徒们唯一可见的现实就是"物体的影子"，这些影子是由狱卒们投射到墙壁上的。

**柏拉图**（Plato，公元前 427—前 347）只承认纯粹**不变的**"理念形式"是真实的，但是，在我们蒙昧的日常感知的"洞穴"中，无法获得它。

## 观念是"实在"的吗?

胡塞尔被指责为一个柏拉图主义者,因为他相信**观念的实在性**。柏拉图的理念论与胡塞尔形式化的直观的不变性相似吗?我们不能说在现实中"没有任何东西像"分解的棱锥平面。但是,这样的形式在何种意义上是"实在"的呢?胡塞尔从一个我们都能看到的对象通俗易懂地开始……

## 胡塞尔的另类柏拉图主义

胡塞尔的另类柏拉图主义认为,一切事物——无论是**经验的**还是**直观的**——都同样是被给予的。他的观点可以这样表述——

> 没有任何明见性可以推翻一个直接**被给予的**直观,即我**拥有**的一个几何学定理,在其纯粹意义上存在,而且是一个确定的对象,无论我们是否愿意称它是"理想的"。
>
> 如果"对象"这一概念不算对象,那么一切逻辑学和科学都将终结。你看到这一点了吗?

胡塞尔所谓"观念论"仅仅相当于断言了:直观的**原初当下被给予**不容曲解。

## 什么是明见性？

胡塞尔的见解很奇怪。直观寻求自己的不容置疑性，是最终不容置疑的明见性。他用一个更有力的古希腊语单词 apodicity 表示明见性，这个词的意思是"清晰地展示"，也有"全部收回"之意。在**《笛卡尔式的沉思》**（*Cartesian Meditations*）中，胡塞尔用他自己的话说——

> 一个绝然的明见性……不仅仅是明证的事件或事件状态明见的确定性，而且对于批判性反思来说，它还揭示出自己具有存在（being）的标志性特征，同时设想其不存在（non-being）是绝不可能的，因此它预先排除了一切"无对象"（objectless）的、空（empty）的怀疑。

但是，我怎么知道我是否错了呢？

## 当墙壁开始出汗

真理对它自身必定有一种奇特的厌恶。它总是"即将发生",但永远不会与自身完全一致。我来到自己选择的荒凉而不幸之地,"哲学的国度"破败不堪。我所看到的是思想本身的痛苦,它使世界变得灰暗、枯燥,直到墙壁自己出汗。向我复仇的生活又渗透回来了……

我无意中听到讽刺作家**索伦·克尔恺郭尔**(Søron Kierkegaard,1813—1855)的声音,他是陀思妥耶夫斯基来自地下的恶人的前辈。

## 克尔恺郭尔的剧中人

丹麦哲学家克尔恺郭尔不仅用本名,而且还用许多古怪的笔名来写作,包括**康斯坦丁·康斯坦提乌斯**、**沉默的约翰尼斯**、**维克多·埃里米塔**等等。通过它们,美学、伦理学、形而上学生动的含混性被置于古怪的文学作品中。他的功劳在于把哲学转化为写作问题。存在主义完全要归功于他那些丰富多彩的范畴:忧虑、恐惧、绝望、荒谬——是的,也包括"死亡"本身。我在康斯坦丁·康斯坦提乌斯的《重复》一书中听到这样一个故事……

## 克尔恺郭尔的幽灵，黑格尔

在那根刺划破康斯坦丁的眼睛的一瞬间，他"栽进了绝望的深渊"，放弃了一切"曾经使自己感到**绝对**满意"的希望。"眼中的刺"暗指《马太福音》7: 3–5，而崩塌的"世界观"就是指**黑格尔**（G. W. F. Hegel, 1770—1831）——最绝对的哲学体系的建构者。

他对黑格尔的体系掌握了多少？

知道自己在**扬弃**（aufhebung）的危险中就足够了，这是黑格尔逻辑学的整个历史体系的拱心石。

我们需要用一个新创造的英文词语"sublation"来解释**扬弃**，这个词的意思是矛盾在历史中被**克服**，同时又通过更高阶段的提升而被**保持**。

**扬弃**，看起来毫无危害。为何克尔恺郭尔却认为它"岌岌可危"呢？萨特在**《寻找一种方法》**（*Search for a Method*，1960 年）中回答了这个问题，他在其中承认自己的道路与存在主义有出入。这里有一个至关重要的启示，因为我们现在通常接受的看法是，克尔恺郭尔是无可争议的存在主义创始人——而这一看法正是萨特要破除的。在基础的存在主义层面，他认同克尔恺郭尔……

## 难以释怀的存在的良知

克尔恺郭尔的可取之处在于,他强调具体的现实高于思想,具有首要地位。现实不能被还原为思想。"一个人的眼中之刺"具有生存的情绪色彩,这与超个体的超验体系是对立的。主观的生活不能成为形式化的抽象知识的对象。

## 落入信仰

克尔恺郭尔的"超越"有什么问题?对他来说,这是一种**神秘的**、走向上帝的超越。然而,这并不是任何传统宗教意义的"向上"跃迁到上帝那里,而是"向下"自由地落入无限幽深的主观内在性之中——这就是克尔恺郭尔给人安置的地方,在荒诞的悬崖上令人身陷绝境,除跌落以外几乎**没有其他可能性**。

## 信仰的丑闻

克尔恺郭尔的"堕落"成了荒诞的信仰,那近乎自杀的超越,是他用来反抗体系化的黑格尔式历史的绝望武器。黑格尔主张哲学优先于"体验",这一平和的观点却把克尔恺郭尔气得发疯。

作为一门科学,哲学对现实问题是无用的,后者关乎历史现实运动中的个体经验……

这种哲学毫无用处,除了给基督教世界的信仰本身制造丑闻,让人们成为无信仰的理性主义者。

克尔恺郭尔将"基督教世界"之名赋予一个基督徒的社会——它仅仅在名义上是基督徒的社会,实际上是无神论者的社会。这些人为了成为基督徒,将"自己的理性"制度化了。不幸的是,黑格尔是对的:历史的"国家理性"已经绕开信仰的本真体验。除了自身选择的荒诞,没有什么可以拯救信仰。

## 黑暗时代的一个人

萨特确定无疑地、不公正地说,克尔恺郭尔"当然不是一个哲学家",而黑格尔则应更受青睐。克尔恺郭尔引诱我们进入主观性的深处,只是为了让我们在那里发现,没有上帝的人是不幸的——这是一个"恢复**超验**的隐秘愿望",这正是萨特现在对存在主义的谴责,不是针对克尔恺郭尔本人,而是他在德国的支持者卡尔·雅斯贝尔斯。雅斯贝尔斯在德国战前和战争中勇敢地抵抗了纳粹。

作为黑暗时代的一个人,他把一切赌注都押在了存在哲学上,这种哲学主张全面交往……

持续的冲动,唯有面向总体的启示,才能抵达交往之路。

我妻子是犹太人

## 悲观主义策略

犹太哲学家**汉娜·阿伦特**（Hannah Arendt，1906—1975）曾经是雅斯贝尔斯的学生，她称赞雅斯贝尔斯是"神圣的"。萨特也认同这一点，但他抨击雅斯贝尔斯"堕落"到了克尔恺郭尔式神秘的超验领域，在**存在哲学**中捉起了迷藏。

由于我们自己的不完善，我们保准会普遍失败。通过这一沉思，超验间接地来到了我们身边。

因此，他带领我们发现了超验。在超验的预感中，我们以自己的失败为代价，从挫败和悲观中学习。

悲观主义会使我们倾向于什么呢？一种"不敢说出其名字的神学乐观主义"。我们必须冒险向每个人施以爱的援手吗？雅斯贝尔斯说的并不是这样一种"交往能力"，而是一条秘密的福音信息。

## 科学的失败

雅斯贝尔斯是一位天主教徒，却对启示的宗教保持沉默。他把启示托付给悲观主义，悲观主义的任务在于维持一种可能的超验，这种超验总是躲避着我们。雅斯贝尔斯将克尔恺郭尔的超验信仰的"荒诞"**历史化**了，以逃避现实历史的失败——根据萨特的评价，这一失败完全适用于一部分中产阶级，他们主张去基督教化，却又怀念往日的信仰。为什么适用于他们？

## 马克思的幽灵

萨特与雅斯贝尔斯争论的不是胡塞尔式的科学问题,而是更为尖锐的历史问题。用克尔恺郭尔为生存的主体的辩护,来反对黑格尔的绝对的主宰,这一做法具有可接受的有效性。在黑格尔纯粹观念论的考察中,历史是行动中的哲学,但只能在沉思中**被认识到**——这是一个具有双重含义的词(realize 兼有"认识到"和"实现"之意——译者注)。

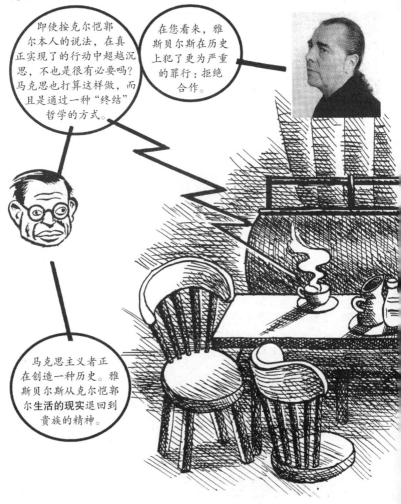

即使按克尔恺郭尔本人的说法,在真正实现了的行动中超越沉思,不也是很有必要吗?马克思也打算这样做,而且是通过一种"终结"哲学的方式。

在您看来,雅斯贝尔斯在历史上犯了更为严重的罪行:拒绝合作。

马克思主义者正在创造一种历史。雅斯贝尔斯从克尔恺郭尔**生活的现实**退回到贵族的精神。

因此，一种躲在象牙塔里的悲观主义非常适合欧洲中产阶级，他们注定失败，他们不愿看到自己的未来。到 1960 年，萨特已经明确地远离存在主义，并与马克思主义彻底结盟。当时正值"冷战"时期，国际事务陷入僵局，阿尔及利亚为摆脱法国殖民统治正在进行如火如荼的独立战争（1954—1962）。

小说家和哲学家**西蒙娜·德·波伏娃**（Simone de Beauvoir，1908—1986）是萨特的伴侣，二人于 1945 年一起创办了《现代》杂志。

## 存在主义者的反殖民主义

对于萨特的马克思主义转向中的某些疏忽,我是否有所误判?他似乎忽略了现在公认他吸收了的那些克尔恺郭尔的东西。或许,的确可以说克尔恺郭尔是第一个"后"基督徒,对他来说,"现存的"基督教就是对福音派理想的嘲弄;对他来说,基督教不是被给予的"信仰",而是经过信仰才能证明的**内在存在**……

因此,你也是第一个"后"马克思主义者,证明了一种很大程度上不存在的马克思主义……

也许是这样。但我把我的马克思主义信仰寄托于反叛的殖民地。我赞同法农的"存在主义"……

对于土著来说,生命只能在殖民者的腐尸之上重生。

**弗朗茨·法农**(Frantz Fanon,1925—1961)是阿尔及利亚的一个精神病医生,著有《**大地上的受苦者**》(*The Wretched of the Earth*,1961年),萨特曾为该书作序:"击毙一个欧洲人是一件一石二鸟的事,消灭一个压迫者的同时也消灭了那个被压迫的人;剩下的是一个死人和一个自由人,幸存者第一次感受到他脚下的**国土**。"

现在，萨特和加缪已经有两次结怨。第一次，在**《反抗者》**(*The Rebel*，1952年)中。加缪宣称他对马克思主义和一切"革命恐怖"感到厌恶（1952年）。第二次，对于阿尔及利亚的独立运动，加缪持妥协立场——令马克思主义者、法国殖民者和阿尔及利亚人都不满意——他认为，pieds-noirs（黑色脚丫）的法国移民和阿尔及利亚本地人应该在一个联合的"联邦"中共存。对于如今的结果，他们会怎么说？

## 从未存在的存在主义

我曾想象萨特和加缪会"一时愣住,然后恍然大悟"。历史允许不断重复地"往前回忆"吗?就像康斯坦丁·康斯坦提乌斯在他的书中探究的那样,直到眼睛因一根刺而失去光明?我试图确定存在主义是**何时**变迟钝的——或失去了焦点,就像在不同的时间拍摄的照片叠加在一起。

根据萨特的回顾性评价,存在主义在它自己胎死腹中之前就已经出现……

在黑格尔主义衰落的过程中,克尔恺郭尔的"存在主义"本无幸存之理,但是,在两次世界大战期间和战后时期,它作为马克思主义的一种无足轻重的派生反应幸存下来了。

1913年,由于雅斯贝尔斯对现象学的不满,一场反对现象学的"三十年战争"开始了……

## 老式的存在主义

存在主义就像布拉塞（Brassai）的老式照片中的东西一样，一出现就令人难忘。1944年，萨特接受了"存在主义"这一标签，该标签是他的反对者制造的。随即，他的思想又被谴责为"可怕的虚无主义"，这一引人嫉妒的谴责来自他的两个主要反对派——法国共产党和教皇庇护十二世，后者是在其通谕《**人类**》（*Humani generis*，1950年）中这样说的。存在主义很快就获得了战后心怀不满的年轻人的认可，他们戴墨镜，着黑衣，在烟雾弥漫的爵士酒吧里忧郁地思考着绝望和虚无……

## 被假释的海德格尔

具有讽刺意味的是,1945年德国战败后,海德格尔将作为一名纳粹嫌疑人,进入法国军事占领区,被去纳粹化委员会禁止教学,直至1951年。这令人回想起胡塞尔在1935年的命运吗?未必如此。海德格尔的"假释"和复职始于萨特。萨特曾于1944年宣布海德格尔"没有勇气",后来又向法国当局求情,邀请后者来巴黎。海德格尔的避难所也就是他的托特瑙堡"小屋",位于斯瓦比亚的黑森林。

在《关于人道主义的书信》中,海德格尔以"出人意料的结局"回敬了萨特……

## 出人意料的结局

由于存在主义丑闻的盛行,萨特于 1945 年作了一场题为"存在主义是一种人道主义"的演讲,为存在主义"严肃的技术性"进行了辩护。对此,海德格尔在 1947 年的那封**信**中做了尖锐的回应。这是对德国哲学命运晦涩的遮蔽和**固执**的开垦,这命运是由德国最后一位哲学家——**他本人**——召唤的,此外,他还出人意料地宣称萨特缺乏**历史**和**马克思主义**的维度……

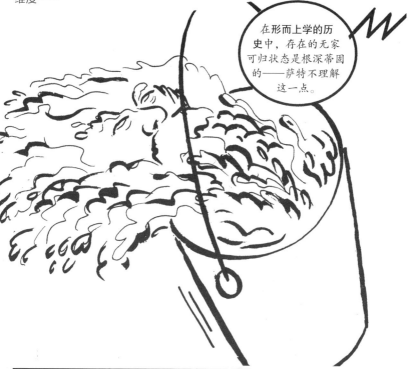

在形而上学的历史中,存在的无家可归状态是根深蒂固的——萨特不理解这一点。

"由于马克思通过异化的经验达到了历史的一个本质性维度,马克思主义的历史观优于其他历史叙述。但是,由于胡塞尔和我迄今为止所见的萨特,都没有认识到**历史存在**的本质重要性,所以,无论是现象学还是存在主义,都尚未进入有可能与马克思主义进行创造性对话的维度之中。"

## 无限期假释中的海德格尔

托尔位于法国南部的沃克鲁兹地区:那里有阳光明媚的田园风光、玩着**滚球**游戏的人和**博姆－德沃尼斯**的葡萄酒。20世纪60年代中期,海德格尔曾在那里做客,邀请者是**勒内·夏尔**(René Char,1907—1988),他是一位诗人,也是前抵抗军游击队成员。这位法国人似乎并不介意海德格尔的纳粹插曲。他们悠闲地讨论着古希腊哲学,沿着索尔格河漫步。

海德格尔的神秘笑容意味深长:都结束了吗?

## 胡塞尔时代结束了吗?

海德格尔对纳粹的粉饰被那位法国的知识精英清除了,这**在理智上**可以解释为现象学和存在主义家庭内部的融合或混淆。其实,这并未解释什么。海德格尔是"我们时代隐秘的思想之王"——是否正如汉娜·阿伦特所说?阿伦特在学生时代曾是海德格尔的情人。我认为他更像是瓦格纳**《(尼伯龙根的)指环》**(Ring Cycle)中狡猾的篡夺者哈根。没关系,胡塞尔还没有完全放弃幽灵……

## 带着弱音器的神学

海德格尔《存在与时间》中玄妙的命名法——"沉沦""被抛""畏"以及其他诸如此类令人茫然的术语——都来自克尔恺郭尔的基督教存在主义范畴,海德格尔对这些范畴进行了不为人知的回收。

可以说,这些范畴经过海德格尔的重塑,形成了一种低沉的音乐——引人入胜的**现象学的神学化**。例如:"只有当死亡、罪责、良知、自由与有限性,源始地共同寓居于一个存在者的存在之中,就像它们共同寓居于操心之中,那个存在者才能以命运的方式生存。也就是说,唯有如此,它才能在其生存的最深处是历史性的。"

我应该怎样解释这段话呢?

神学就像带着**弱音器**的演奏,"mute"(弱音)源于拉丁文"surdus",就像 absurd(荒诞)来自拉丁文"absurdus"。

## 宣扬未来

这是无须自报名号的悲观主义神学。海德格尔让存在向基督教存在主义"半开",反对萨特对基督教存在主义的拒绝。"对上帝的信仰"在**《存在与时间》**中并未真正出现,却引发了人们对超验的朦胧解读,这种超验出现在荒诞的后基督教时代;它也引发了一阵呢喃细语,这是对现代人的窃窃私语,那些现代人已被"上帝之死"的声音震聋。海德格尔以弥赛亚式的热情谈论此在(亦即人),认为此在本质上因"它的时间性"而承载**未来**的天命。

难怪像**保罗·蒂利希**（Paul Tillich，1886—1965）和**鲁道夫·布尔特曼**（Rudolf Bultmann，1884—1976）这样的德国现代主义神学家，在我们这个无信仰的时代，从海德格尔那里发现了一种"终极关怀"式的存在主义信仰。

法国天主教的一个学派将混合了海德格尔主义的现象学，注入正统托马斯主义神学僵化的静脉，产生了一个暂时看起来面颊红润的"存在主义者"。**加布里埃尔·马塞尔**（Gabriel Marcel，1889—1973）支持的天主教存在主义，未能经受住庇护十二世的谴责。

## 也许是偶然……

存在着基督教的存在主义吗?我对自己仅有的回答是,我更喜欢一种**"灵魂黑夜"**(拉丁文:noche obscura)的体验,西班牙神秘主义者**圣十字架上的约翰**(St. John of the Cross,1542—1591)在其诗歌中直接讲述这种体验。或者,在那位生病的、被遗弃的、穿着耶稣会士长袍的**杰拉德·曼利·霍普金斯**(Gerard Manley Hopkins,1844—1889)的诗歌中,他凝视着大自然,大自然报之以两个令人惊奇的词:内在特性和内驱力。**内在特性**即一种在事物设计中"合一"的感觉,而这些事物通过**内驱力**的烈焰显示它们存在的光芒。这是他描述的内在于自然的力量,还是上帝的超验的**超明见性**?只要我用经过他指导的眼睛去观看,就没问题了吗?

霍普金斯在他 1872 年 5 月 18 日的日记中,描绘了具有内在特性的一朵蓝铃花的花冠:"就像从龙骨上拉下来的船首分水柱一样,弯成拱形。钟形的线条叠加其上,呈放射状,但不对称,有些是平行排列的……"

**1872 年 8 月 25 日**"这个标本采自一棵白蜡树的末端,某年夏天,采自温布尔登。它明显呈球状的部分值得注意:左边是叶子,右边呈钥匙状。"

**1872 年 9 月 8 日**"我发下誓言。"

我认为这就是现象学。即使在那则简洁的耶稣会新信徒的记录中——"我发下誓言"——也是如此,或者尤其如此。见证存在是其终身使命。与耶稣会官方钦定的"托马斯主义者"——**圣托马斯·阿奎那**(St Thomas Aquinas,约 1225—1274)相比,霍普金斯更喜欢机智的神学家**邓斯·司各脱**(Duns Scotus,约 1265—1308),还有什么比提到这一点更好呢?他在司各脱那里发现了"个体性原则"和"此性",这证实了他的内在特性和内驱力的意义吗?而海德格尔的博士论文也是讨论司各脱的,他也是耶稣会神学院的产物吗?

这是不是说,基督教的存在主义是**偶然**出现的呢?

## 完成了转向的怀疑主义

胡塞尔的现象学**科学**不能满足于一个素朴的、"上帝创造的"世界。意识是真正的谜,**在**意识之中和**为**意识之故,世界才成为可知的。只有**通过我们**,而不是从其他任何地方,我们身处其中的世界才能获得意义和有效性。那么,问题仍然在于**怀疑主义**——尚未解决而非已经完成——萨特逃向系统化的马克思主义,以掩盖其怀疑主义;而对于海德格尔来说,怀疑主义只是"此在"面对悬而未决的真理时的一种"自杀"。

## 推理的灰暗气息

贝克莱没有遭遇过黑格尔的极权主义体系。他也不需要通过克尔恺郭尔的问题来看信仰的"存在主义"困境,即启蒙运动中理性主义、经验主义对信仰的威胁。他也无须接受这一观点:对世界的反思使世界的直接性"干涸"了,世界变得冰冷而灰暗——克尔恺郭尔把畏归因于荒诞的"信仰问题"(problem 在古希腊文中拼写为 *pro-bollo*,意为"向前抛"),即把海德格尔的"被抛"带到未来。

## 出于历史的理由

三名囚徒正在等待死亡,如果他们能解决一个难题,就可以获得自由。他们眼前有五个圆盘——三红二黑——每位囚徒将从中获得一个圆盘,别在他们后背上,颜色未知。他们被留在一间空房里,无限期地沉默着,相互注视着。谁第一个不是靠猜测,而是以逻辑的方式讲明自己背后圆盘的颜色,谁就会被立即释放。

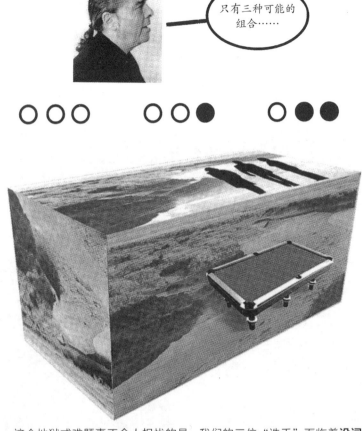

这个地狱式难题真正令人担忧的是:我们的三位"选手"面临着**没词儿**的险境。

## 清算的话

我回到 1933 年,萨特那时主张"影响、反抗、超越等等",随之而来的是,从胡塞尔到海德格尔,再到一种无法命名的存在主义。正如萨特在戏剧**《密室》**(*Huis clos*,1944 年)所说,隔离监禁中,"他人即地狱"——在虚幻的"现在"中,他们目光注视着彼此的相似之处和不一致之处,而"现在"只有在永恒中才是真实的和可延伸的。实际上,他们采取相互退避的立场,完全是出于**历史的理由**。

我无意中听到了他们的差异性,但经历了他们的相似性。

## 还原到绝对生存

实在对谁有**意义**？除了意识到实在的我们，还有谁呢？意义并非先于意识本身而存在，意识是意义的本源。这就是胡塞尔的立场。意义对他来说就是不容置疑性，但要弄清楚它何以如此存在，则需要某种绝对之物——还原到纯粹本质的自我。"只有**主体性**才能以本真和绝对的方式自为地存在。"

## 生存不一定存在

意识是非实在性的,海德格尔将意识置入此在,即平常人的此处状态之存在。然而,海德格尔赋予此在以一种模态——仅仅是一种可能性——本真的存在或不存在,在这个意义上,非实在性仍然追随着此在。模态意味着生存实质上可能采取或不采取的形式——"可能是另一种形式",或简言之,偶然性。与人们通常的看法不同,本真性并不是海德格尔的道德命令,而是一个关于此在历史命运的问题。这命运是什么?

## 人的存在即历史

人的存在就是**对我们发生**的事儿。存在不是消极的"物",不是我们能设想在本质上把握的"存在着的"物。相反,人的存在是积极自决的证据,对此我们可以说,"他者的存在"在除了人之外的存在者之中突显。我们可以自由冒险,脱离存在,并认定只有存在着的物才与我们自身的所作所为相关。如此一来,非本真性将随之形成,因为**内在存在**本身变得**无法识别**。

我们的命运,最终总是**可能**成为我们自身的"事情"。

人类的"存在"还有什么希望？

对我们而言，存在不是永恒的，它是一个**受时间限制的**礼物。决定"物的命运"的不是我们，而是存在本身，因为它退出了我们技术进步的历史。海德格尔将这段历史命名为"遗忘"——在他这一惊人的观念中，人类存在的基本历史除了**形而上学**别无其他。海德格尔的确在追踪科学"危机"问题，这个问题困扰着胡塞尔，但是，在胡塞尔那里，历史排除了不可避免的三位一体：形而上学 = 科学 = 技术。形而上学不仅没有随着技术的进步而消失，反而获得了其主导**事件**的最终形式……

在柏拉图的时代，哲学自身已经占有"科学真理"，对存在的遗忘肇始于此。

## 存在及后退到虚无主义

我们从一件事情的成功走向另一件事情的成功：探索外太空、全速破解遗传密码，以展现万物的真理。人类存在的本质是否包含在其科学解释之中？我们倾向于肯定，但同时屈从于虚无主义。令人困惑的是，虚无主义寓于积极的价值之中，它把唯一的效用托付于我们对物的掌握。反对它的思想被否定了。（技术）逻辑给人一种幻觉，仿佛它在实际上被否认时，就可以直接进入思想。对科学的"冒犯"是不可想象的，因为它的力量可以使哲学完全消解于其中。

## 从物中得到拯救

在一份 1910 年的手稿批注中，胡塞尔对经验论一个顽固的错误表示失望，他写道："意识……不是一种心理体验，也不是诸心理体验之网；不是某物，也不是某种自然对象之附属物（状态、行为）。谁能把我们从意识的**物化**中拯救出来？他将成为哲学的拯救者……"物化就是把不是物的东西当作物，将一个抽象的实体转化为对象。海德格尔在《存在与时间》中嘲笑了胡塞尔的担忧，并质疑，为什么意识的"物化"总是周而复始地行使着它的统治权。

## 消除恶心

对于物的黏稠、膨胀,萨特表现出病态的厌恶。洛根丁是萨特小说**《恶心》**(*Nausea*,1938 年)中的非正统派主角,他对潮湿的鹅卵石感到恶心——这在**《存在与虚无》**中被称为不透明性,属于无意识实在的自在存在。胡塞尔的自为意识作为一种救济,给萨特留下了深刻的印象——一个半透明的虚无之缺口——在紧密的自在中显现,并产生了人之为人和物之为物的天渊之别。

**悬搁**，从自然（或内在的）态度给予的意识中提取出一个纯粹先验的"我"。意识必须摆脱其素朴经验的自身体验，才能获得"不自然的、非人的"绝对自我。这一至关重要的胡塞尔式教条，也被萨特颠覆了。萨特完全摒弃了悬搁，因此，自我不是作为胡塞尔说的我们所有意识行为的同一性的极点，而是由先验意识行为构成的东西。对于物质实在的内在"持守"，只有意识才可以从中获得**存在的**超越。自我本身就有物性之嫌疑——萨特将自我称为一把"不透明的刀"，它对意识的明晰性构成毁灭性威胁。

## 虚无化的行为

对于萨特来说,虚无不是胡塞尔式经过还原的纯粹自我的"非实在性",而是那些由各种意识行为所完成的"非实在化"。他指的是那些否定性的不在场,意识借此洞穿了自在存在不容渗透的紧密性,并允许我们想象:物还可以不是其所是。否定性为我们变更的项目提供了"可能的"自由空间。举个例子,如果萨特希望西蒙娜在花神咖啡馆,但她没有出现,那么那个地方就成了**她所不在之地**。那里的一切都为她的不在场提供了参照……

## 一项有意识的自由契约

萨特关注的是绝对自由，这种自由只能存在于意识之中，它从**诸物造成的**世界中解放出来。无论如何，"我在"以另外的方式生存于这个有因果限制的世界之中。只有意识是纯粹自由的自发性，它在无人称的意义上是先验的，"我们有意识的生活的每一瞬间都向我们展示无中生有的创造"。意识将它的"所有者——我"融入这样"无中生有"、永不停息的创造之流。因此，没有任何一个"自我"比他人更有优先性，他人也是由同一无人称的意识之流平等地构成的。

## 存在的匮乏

我问我自己：萨特为何如此偏执地拒斥"物性"？我首先必须认识到"我"——那个虚幻之物"我存在"——从意识下降到存在。存在是世间意识的"我的处境"。那么，意识面临着什么？意识本身就有令人苦恼的"不是"的可能性——它有自己选择这样或那样存在的自由，这意味着自由其实**缺乏存在**，存在以物质的自在性为依据。意识作为匮乏，将冒着失去明晰性的风险，寻求物质丰富的存在，在我们的处境中，这种存在拒斥着我们，也支配着我们。

## 生存先于本质

这是萨特提出的存在主义经典口号。他主张与物保持一定距离,这符合卫生学公理。我可以循序渐进。如果意识只是通过透明的虚无化行为而**客观存在**;如果存在是意识的处境,由于对世界存在的缺乏而受到谴责;那么,本质就是一种自为的欲望,它可能是**某种**自在的**东西**,实际上,它是一种十足的暴食诱惑,即"想要成为上帝",把自己当作自在–自为的东西……

## 自由没有历史

萨特的悲观主义让位于这样一种认识：人类对"无限"的渴望不是一种无用的激情，而是一种历史条件。"这样"自在存在的物质是整全的——从未遇到人的意义的缺失。对我们来说，物质存在者受制于我们的生产活动，也受制于**稀缺性**。确切地说——达尔文式的稀缺资源之争——将决定任何人在分层的生产力系统中所能达到的界限。萨特从肮脏的、压迫性的"物性"中解放出来，不可避免地走向了马克思主义，即"历史本身成为自身的意识"。

## 时间的绽出

海德格尔对萨特的存在观表示遗憾,因为它再次退回到了形而上学。海德格尔在**《存在与时间》**中断言:"此在的本质在于其生存。"萨特将这一断言错误地理解为"生存先于本质"。在海德格尔看来,这是致命的错误。生存不在人的行为中,而在对本源的亲近中,这本源决定着它的存在——它的**绽出之生存**——生存在接近"绽出"时得以恢复。通过海德格尔造的新词"绽出之生存",我们可以获得什么?这个词与"绽出"有什么亲缘关系?绽出在希腊文中的意思是"被置于"某人的感官之外。

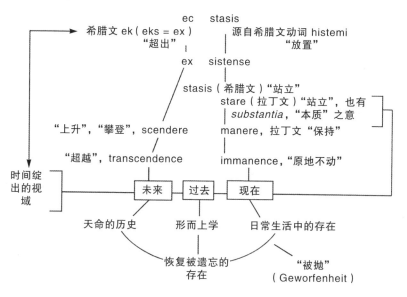

"此在的本质在于其生存",这一命题对海德格尔来说也有如下意义:"人的'实体'(substance)是绽出之生存"。我们可以看到,"essence"(本质)这个词来源于拉丁语 stare,后者是"substance"的词根。substance 在希腊文中写作 ousia,意为"存在状态"。海德格尔很清楚,parousia 是 ousia 的同源名词,意思是现在作为一种**有所朝向的等待**(未来),犹如基督教末世论赋予基督第二次降临的意义。那么,海德格尔是不是在说,时间是人类绽出的"实质"?

## 来自井里的水

人为什么要"绽出"？答案非常简单：因为其本质在时间中。更简单地说，人的本质是不为人知的。本质是悬而未决的"尚未"。我们可以"在时间中"了解自己的本质吗？这显然是模棱两可的——不仅因为时间对我们来说不多了，而且因为我们也以某种方式不在时间之中。绽出之生存**以绽出的方式**毫不含糊地表明，在一段时间中此在"立足于存在的澄明之中"。

此在**时间性地**"脱颖而出"，但"澄明"只是暂时的。

## 救赎之降临

我再一次被告知,存在有它自己"天命"展开的历史,在这历史中,此在之"在此",完全由其本质决定。因此,时间本质上就是历史,**而非其他**。但是,如果是这样的话,我们关于过去、现在和未来的通常的时间"视域",就不可能是我们通常看到的那样——在存在中持续流动的"诸现在"。当然,时间似乎仅仅是过去了。但是,在我们适宜的迷狂状态下,时间就**降临**了,一个未来正被传送给我们。

## 时间话题

关于时间，没有什么可说的，或者有太多可说的。我们总是在谈论时间——时间如何"拖延"或"飞逝"，"它去往哪里"，"获益"于它或"浪费"它——时间的流逝与我们的无聊、畏或日常生活中的松动多么不同：离奇的似曾相识，不可靠的预测或循环的想象，不多变而又长久，我们总是被"它"奴役。时间怎能**以某种实体的方式**决定我们呢？

"时间是什么？"没有答案，因为"它"不是……

时间与意识本身一样，也有独特的"非实在性"。我们应该只谈论时间意识。

## 意识的时间部分

时间只有通过关于时间的意识才"存在"。时间域由绝对意识构成,而绝对意识的原初在场本身并不是一种时间的形态。胡塞尔没有说时间是我们"虚构"的,而是说时间在直观上是绝对的——即使意识不存在,时间也**将存在**。然而,意识本身被侧显所划分,在诸侧显或诸视域中,只有一个会成为真实的"现在",而其他侧显则会成为过去或未来。问题是"现在的意识不是**现在**本身"。现在不能从现在本身中呈现,它没有可把握的"侧显",即它自身的内容。

那么,我怎么能把一个当前的印象看作真实的——在它不存在的时候?

答案已经在你的问题中。

在冬日的炉火前,我还在做梦。
关于时间,我无所思。
因为,谁知道时间去哪儿了?
谁知道时间去哪儿了?

## 滞留溜走

胡塞尔在说什么？**在它不存在时**，我能拥有一个真实的瞬时印象吗？事实上，我可以，因为在成为我（自身）的知觉对象之前，意识就**已经具有**其特征。正是意识中这种原初**滞留**的过去，让我印象中的"现在"和未来的**前摄**向前延展（来自拉丁文，pro=tendere）到我对整体直观的预期。这是意向性的三个时间视域……

## 社会层面的视域

海德格尔和萨特曾对"在世界之中存在"进行过详细的分析,而胡塞尔则因对生存层面的人生浮沉漠不关心而受到指责。他把人还原为脱离肉身的"观察者",就像在理论物理学中那样。

胡塞尔似乎只需要一个能理解某物的"我"……

他删除了"我"的所有特质——年龄、性别、种族和历史——只剩下一个没有生平的"我"。

对于胡塞尔关心的问题,有一种错误看法。

主体的生存境况与一种自由相关,认识到如下事实就可以获得这种自由:"我总是**能够**以其他方式去行动。"

但是,在不知不觉中,我们往往已经受制于**社会层面的视域**(socially partial horizons)——性别、种族、环境等——我们对这些因素的自然态度决定了我们的**侧显**。

# 群峰之上，一片寂静

"群峰之上，一片寂静……"这是**歌德**（J. W. von Goeth，1749—1832）的一首诗的开头。这些语词追踪到了人的天际线，就像我在法国诗人**雅克·杜宾**（Jacques Dupin，1927—2012）的诗作中发现的一样："从此我的恐惧长大成人。这座山需要我，需要我的沟壑，我的束缚，我的脚步。"不是沟壑带"给"我眩晕，而正是我向它投射它并不具备的"可怕的深度"。没有我的赐予，群峰也不会"寂静"。

## 历史时刻

"出乎现实的意料之外"——难道不就是我们的历史吗？历史是什么？历史就是可以但从未以其他方式存在的东西。彻底的悲观主义者会说：对于发生在我们身上的事情，我们无能为力。然而，不证自明的是，变化是存在的。但这是一种荒谬的变化，犹如流动**严格地作为流动**。我们为变化所挟持，有意或无意地自己做出改变。它有出路吗？——进入萨特希望的自由，或者进入此在之救赎的"绽出"——像海德格尔所说的那样？

> 对于不可变更的过去，我可以在**选择的时刻**采取一个新的立场。

> 在决定性的奋斗时刻，即将到来之事已重现。

## 海德格尔版《我的奋斗》

海德格尔深信不疑的是,只有他被赋予一种神秘的眼界,看到纳粹运动的"内在真理和伟大"。他出身卑微,是梅斯基尔希教堂司事之子,他努力奋斗,一直渴望在德国学术贵族圈中获得至高无上的地位。1933年,他的时刻到来了,他感到他自己的使命和德国对于世界的使命决然地交织在一起,他以弗莱堡大学**领导**即**校长**的身份,投身于纳粹**一体化**方案的全面实施。毫无疑问,海德格尔是有野心的——他被任命为国家社会主义的**精神导师**,成为纳粹的"黑格尔"。

# Rassengedanke: 思考种族

海德格尔深奥的学术版纳粹主义——"讲希腊语"的版本——使他成为不入流的纳粹官僚嫌疑人。纳粹党的间谍监控着他的讲座,在关于尼采的一系列讲座(1936—1940年)中,海德格尔宣布了他对纳粹主义的**抵抗**。在全面实行种族灭绝的前夕,对他的学生来说,"思考种族"是一种什么样的抵抗呢?

我是在探究尼采对形而上学的**终结**,而不是在提倡种族主义。

"只有权力意志(Will to Power)的绝对主体性成为存在者整体之真理的地方,种族繁衍计划的原则才是可能的——就种族**思想的**自身意识而言。也就是说,这一**原则**在形而上学上是必要的。正如尼采的权力意志思想是存在论的,而不是生物学的。更重要的是,他的种族思想是形而上学的,而不是生物学意义上的。"

## 来自德国的预言

海德格尔脱离了"低俗的"纳粹主义,成了"内在移民"。他那时为什么选择尼采作为反抗的典范呢?海德格尔很清楚,在德国的谜一样的人物中,尼采是不可**替代的**,也就是说,希特勒是尼采权力意志的精算师。尼采认为"金发野兽"——正如海德格尔所说——"终结了"形而上学,其方式是把笛卡尔式的自我用于动物性上。通过希特勒井底之蛙式的影片**《意志的胜利》**(*The Triumph of the Will*)的公映,全世界都看到了**权力计算**的危险思想。

你所说的"上帝死了"到底是什么意思?

意思是人类被克服的时代已来临……

## 现代性危机

卡尔·雅斯贝尔斯将尼采和克尔恺郭尔一起封为"存在主义的圣徒",他认为这两位对于存在主义有奠基之功。这一荒诞的断言,与雅斯贝尔斯被称为后现代主义者相比,还是略好一点儿。尼采与现代性危机紧密地联系在了一起:颓废、虚无主义和审美化政治。对他和克尔恺郭尔来说,在一个去基督教化的社会里,"无神论"是道貌岸然的伪善的**实际状态**。这个社会的世俗宗教是民主,并会最终堕落为一种虚无主义,达到一种匿名的、统计学意义上的人的平等,这种人是没有自己的价值观的抽象大众。

## 作为艺术的权力意志

毫无疑问,尼采无可救药地反对民主,但他的真正意图是什么?他是后达尔文主义的、关注灾难的思想家,他意识到,随机突变的进化使万物没有规划地流变,处于一种虚无主义状态。原则上讲,人类是可以被**取代**的——那么人类又有**什么**价值呢?**超人**(Übermensch,英译为"superman"或"supraman")克服了人,这是"上帝死了"的隐秘含义。它意味着为自我选择的品质而斗争——通过作为艺术的权力意志——只能从大众化生存的盲目物种中拯救出少数人。

## 一颗冉冉升起的新星

海德格尔志向甚高,不限于反犹主义或种族主义优生学。他在尼采那里寻求的不是抵抗纳粹主义的方案,而是替代胡塞尔关于科学危机的思想。1933年,在海德格尔的校长就职演说中,尼采首次被誉为德国"最后的哲学家",因为他认为现代人的危机在于"在自在之物中被遗弃"。通过尼采,海德格尔将纳粹主义的"内在真理与伟大"带入他"内在移民"的避难所,并从那里召唤存在本身的历史展开。

## 忏悔的贫乏

海德格尔从他的托特瑙堡森林小屋发出了忏悔的召唤。此在仅仅是存在的"看守者",它必须恢复"守护者本质的贫乏"。关于他自己的忏悔,他什么也没说,对大屠杀也只字未提。他将公开地为德国士兵蒙受的苦难而哀悼——事实上,在1949年的那封信中,他小心翼翼地说出的轻率言语,已经很清楚地表明这一点。"因此,面对死亡时,那些知道荷尔德林的青年德意志派所经历和思考的东西,就不同于被公众认为是典型德国态度的那种东西了。"

## 心里的话语

1936年在罗马的卡尔·洛维特的困惑,转移给了**保罗·策兰**(Paul Celan,1920—1970),后者是一位经历过大屠杀的诗人,这困惑在他那里更为严重了。策兰作为一名因自己的幸存而备受折磨的犹太人,竟然对海德格尔的思想深感同情,在我们看来,这似乎是不可理喻的。为纪念他1967年对海德格尔一次为期三天的拜访,策兰还写了一首题为"托特瑙堡"(Todtnauberg,1970年)的诗。他注意到了井上的那颗"星形骰子",在留言本上签了名,写下一行字——

一个希望,今天,
一位思想者的
即将来临的
话语
在心里……

当然,话语并未来临。1970年4月,策兰在巴黎投水自杀。

## 保持沉默的权利

这项权利只属于大屠杀的幸存者,他们在大屠杀之后的生活,对我们来说是不可想象的。我强调的是经历了磨难之后,而不是在那些真正难以言表的时刻。策兰的诗——出自一个赤条条地忏悔的德国人——的确是惊人的例外,没有任何语言可以与之媲美。海德格尔无权保持沉默,这种沉默——用他自己的话说,就是对于**被遗忘的**"存在者的未说之言"——使他对策兰的死负有罪责。前工程师基里洛夫走出树林时,海德格尔的假释期就结束了,而且……

位于梅斯基尔希教堂墓地的海德格尔墓碑上有一颗星……

## 存在主义没有错觉

谋杀,即使是虚构的,也不是一种恰当的哲学回应。我知道。我还知道,**《存在与时间》**依然是我最喜欢的关于自杀的床头书。当我发现自己经常与海德格尔的观点一致时,我并没有产生错觉。但他的正当性令我困惑,显然,他的一些辩护者并没有这样的困惑。存在主义思维是否与法西斯主义相容?对萨特来说,法西斯主义是一种岩石般没有人性的东西,他们从来不会认为自己错了。这是海德格尔沉默的**坚实性**吗?

## 说到欺骗

由于自由意识的**否定性**,欺骗总是可能的。简单地说,我可以选择对你说谎。通过对你隐瞒原本的意图,谎言证明了欺骗的意识就鲜明地存在于我之中,通过一种未被察觉的真相之缺席,谎言也证明了欺骗的意识是为你存在的。说谎者不在他的谎言意识之中,除非他成了他的谎言的牺牲品。在这里,自我欺骗,这一看似不可能的问题开始出现了。之所以看似不可能,是因为——考虑到意识总体上是半透明的——我怎么能欺骗自己,而非立刻看穿它呢?

自我欺骗当然会受到不稳定因素的影响，在意识到自己的表演时，会重新唤起善意或嘲讽。看那位咖啡厅的侍者，他的机械芭蕾舞跳得很出色。他在表演侍者之是其所是，这是他自己和他人对侍者的期望。他是其所不是——一个"服侍者"，而且，正是这种特殊的意识的"不"，总是以自我欺骗的方式来威胁它。

## 意识中的分裂

弗洛伊德把精神生活分割成有意识的"自我"(ego)和无意识的"本我"(id),巧妙地解决了我们意识不到自我欺骗的问题。我作为自我,在知识方面,相对于"它"(拉丁文中**本我**是"it")不仅没有优越性,反而像一个容易受到说谎者的谎言伤害的人。本我的欺骗是**有道理**的,虽然我不知道它的目的是什么,但是,如果我能将它重新连接到我有意识的现实中,那将是我的**全部**真相。但这是本我不愉快的或非法的真相,令人难以接受,它伪装成一个"情结",无意识地压抑和**歪曲**我。

压抑是**审查官**的工作,其行为就像海关护照检查员……

弗洛伊德在**《日常生活的精神病理学》**(*Psychopathology of Everyday Life*,1901年)中,用一个故事阐明了这个观点。

弗洛伊德跟一位年轻的犹太学者一起旅行时,那位学者哀叹:由于种族的偏见,他自己民族的命运"注定要衰败"。他试图引用维吉尔(Virgil)的《埃涅阿斯纪》(Aeneid),用拉丁语慷慨激昂地恳求:"让某人作为一名复仇者,从骸骨中产生吧!"但是他把这句诗弄错了,还忘记了"某人"这个词,即拉丁文 aliquis。有人请弗洛伊德来解释:为什么那个代词会落入无意识中……

这名学者后来承认自己与一名意大利女人有染,她的月经停止了,这是不受欢迎的怀孕的信号。

## 没有说谎者的谎言

为什么一个担心怀孕的人要删除"某人"一词?弗洛伊德的解释是:这个年轻人希望后代"为他报仇",但犹太人的愿望不可能由非犹太人的"某人"来实现。因此,他的愿望被拒绝,"被封锁"在记忆中。萨特提出了反对意见:记忆的审查意味着在某种程度上**意识**到了被压抑的事物。针对这个话题,弗洛伊德的问题还能有哪些其他的理解呢?审查者必须意识到,他选择不去意识到的东西,简言之,这就是在自我欺骗。

## 有不受欺骗的选择吗?

萨特的一名年轻学生曾跟他讲述自己面临的两难选择——加入抵抗运动,为他的兄弟报仇——他兄弟1940年在德国进攻中丧生;还是照顾他历经磨难的母亲——他是他母亲唯一的慰藉。无论做出怎样的选择,他的选择都有正当的理由。但是,正如萨特对他的提醒一样:"没有任何一般的道德规则可以告诉你应该做什么。"

选择是**无根基的**:选择"只存在"于它的他者的围墙中——**没有选择**。

## 唯我论，还是主体间性？

意识有欺骗他人和欺骗自己的能力，胡塞尔的现象学即使没有探究过，也已经隐含这一观点。**自然的态度**，即设定实在的预先被给予性，我们的欺骗的内在根据——除了始终存在的自然态度，还能是什么呢？经过**悬搁**的还原没有欺骗我们，其代价是非自然性。此外，**悬搁**对于绝对自我的证明不会导致纯粹的**唯我论**（solipsism）吗？

## 沉沦于"常人"之中

对于我们的主体间性世界,胡塞尔倾向于持乐观态度;但他也知道,这世界是相互孤立的单子的孵化器,这些单子的意图被彼此欺骗地隐藏起来。

海德格尔认为,在生存论意义上,自我欺骗就是此在决定性地"沉沦"于无责任感的常人之中:"这个'**常人**'为日常此在是'**谁**'这一问题提供了答案,常人就是'**无此人**',每一个此在在与他人的共处中都已听任这个'**无此人**'的摆布。"

## 与他人共处

此在沉沦于中性的"常人"之中,这是一种恶性的主体间性。海德格尔坚持认为,这不是一个道德判断,而是一个在世界之中存在的简单事实。"'常人'能够……颇为容易地对一切事负责,因为它不是需要为任何事担保的某人。事情总是'常人'做的,但也可以说一向是'无此人'之人做的。"海德格尔在 1927 年不仅预见了"团体的人",而且预见了纳粹主义在普通民众中的发展……

在萨特看来，为他人存在与**物性**一样，也是一种黏性的接近——一种令人厌恶的强迫。"他人即地狱。"他人进入我的感知领域，夺走了我的感知——我的目光被他们的眼神"强奸"了，他们的意思令我困惑。他人对我的生存不可或缺，但他们在场的不确定性是有害的，对我的在场构成了威胁。萨特留下了**不存在的**马克思主义，从历史中获得了自由，正如海德格尔凭借存在的"无家可归状态"将此在从物的存在的堕落中拯救出来。

我们是否对生存怀有怨恨?在他人注视的隔离中,是否有一种明显的恶心?胡塞尔用怀疑主义这个名称来抬高它——通过自杀式的还原论,自然态度试图使自身不受欺骗。结果,哲学完全脱离了心理学。胡塞尔**极为厌恶**"心理主义的"主张:真理依赖于心理的偶然功能。他反对心理主义的创立者洛克、贝克莱和休谟的观点,他坚信心理化的感觉材料不是人类意识的共同点,而**只是**自然态度本身。

我喜欢凤尾鱼,而你不喜欢——这是自然地被给予的事实,我不能凭经验来检验它。

还有什么其他的**偶然事实**呢?——"橙色"这种颜色是否构成一个橙子的本质?

我怎样才能从全部红色的偶然事实中知道"红"的本质呢?——凝固的血液、一杯红葡萄酒、夕阳以及凡·高的头发……

通过部分的唯我论，世界分化到我们每个人之中，我们怎能体验到**同一个世界**呢？一种情绪或痛苦会改变"存在者"，还是只会改变我与存在者的关系？无论是哪种情况，我的情绪在现实色彩上都不同于你的情绪。在萨特看来，情感是意识的退化，通过这种退化，我试图在逃离现实的超验中——亦即在**自欺**中——神奇地达到我的目标。

## 图灵测试

计算机科学的先驱**阿兰·图灵**（Alan Turing，1912—1954）设计了一个"蒙眼"测试。在这个测试中，一个人类受试者必须尝试通过提问来确定，被隔离于视线之外的回应者是另一个人还是一台计算机。如果一台计算机的反应像人一样，通过了测试，就可以说它成功地模拟了人的智能。

意识要怎样进步，才可以设想它的回答是欺骗性的？

"思考"可以为**模仿**所代替，这就解释了大脑中的神经网络是如何通过训练而组织起来的。

你把意识还原成一种施行作用的实体了。

人工智能是我们自己的自我欺骗，它建立在意识的一个不当预设之上。

## 新的迷信

图灵的"欺骗"是心理主义的怀疑主义的最后阶段,从笛卡尔的"**思维的实体**"(res cogitans)开始,现在人成了一种"思维的机器"。胡塞尔早在 1900 年就曾指出,逻辑规律不能从心理学"事实材料"的陈述中推断出来。如果人的思想是神经物质的一种副现象或副产品——我们又怎么**知道**这一点呢?"思想"如何摆脱物质因果关系的封闭性?或者,更简单地说,物质怎么可能产生关于物质的**观念**?

除非我们说,物质本身表达了与我们思想相应的"理性"……

心理主义的"思维的"实体必然是荒谬的。

胡塞尔所说的"心理主义"是什么意思?他想到了"深度心理学"——无论是临床心理学,还是实验心理学——目标都是将意识理论化为生物学的一个层次或衍生物。就算完全忽略意识,经验的过程似乎也可以获得生活的真正根本动力。

之所以发生这样的忽略,是因为意识总被假定为在"直接的预先被给予性"之中——本身无须解释。因此,我们取得了"更有深度的"进展:进入弗洛伊德的力比多本能机制,并最终深入"心智"的一种遗传状态,它的存在被认为可以通过智力**性能**的程度来量化。

## 变质的性能

我们已不再相信身体原初的特质。现在看来,我们似乎被赋予一种权力,通过直接诉诸文化来缩短自然选择的长期随机效应——我补充一句,这就是**心理的**选择。

---

### 基因测试可以筛选出低智商胚胎

路易斯·罗杰斯

**医学记者**

科学家们开发出一项价值125英镑的测试,使医生能够筛选出智力低下的胚胎。一系列已知会导致学习困难的遗传缺陷,用他们的检测试剂盒都可以识别。

这是由一家英国公司开发的项目,是第一个低IQ基因测试,已经被美国和西班牙的医生所采用,用于他们怀疑有遗传缺陷风险的家庭。

美国和西班牙的医生使用试管婴儿技术,选择只让完美的胚胎返回子宫。

一些专家担心,这种测试与赫胥黎(Aldous Huxley)的《美丽新世界》(*Brave New World*)遥相呼应。在这个新世界里,埃普西隆的婴儿在孵化场里被培育出来做卑微的工作,而"阿尔法们"却过着奢侈的生活。

《医学伦理学公报》的编辑理查德·尼克尔森说:"规范此类基因诊断的合法使用,已迫在眉睫。"

"低智商不危及生命。这是向优生学迈出的重要一步。"

这一价值125英镑的试剂盒由牛津分子医学研究所研发、班伯里的Cytocell公司销售。

科学家们已经确定端粒上遗传物质的具体排列方式,端粒即每条染色体中DNA链的末端,它会使儿童遭受各种各样的痛苦,从中度学习问题到智力障碍。

在英国,每年约有2.1万名儿童伴有与生俱来的学习困难。科学家们表示,该测试对上述症状的识别高达2000例。

现在研究已转向寻找其他可导致智力低下的遗传特征,其最终目标是为自然受孕的妇女所怀婴儿提供筛查。

在新泽西州的圣巴纳巴斯医学中心和巴塞罗那的一个遗传学中心,针对那些有高风险生出智障儿童的夫妇,Cytocell公司已为他们生产定制版探测器。

美国政府正在投入联邦基金来开发此类测试。

## 因为这是可能的

**谁会想拍下这样一张照片呢?** 问题就隐藏在我所看的东西中。我看到了什么?一位母亲在保护她的孩子。我看不到她的孩子,她在保护孩子免受枪杀。摄影师无意中证实了一场胜利。母亲的保护永远代表着生命本身。她绝对是胜利者。

我现在问自己:在这世上尚未存在的东西中隐藏着什么?谁想要对它进行基因测试?基因测试对我们来说又意味着什么?

"我**自然**喜欢聪明的孩子",自然态度经常屈从于既成事实。它没有提供自己无法想象的东西。海德格尔的警告是正确的:"我们所想到的技术可做之事,已经是技术正在做的**事情**。"

从历史状态中拯救自然态度,是否为时已晚?

## 对一种无名哲学的说明

乐观主义者绝望地说,这是世界末日。

"不,不是。"悲观主义者回答道。

对我们来说,它向来"为时已晚"。但是,存在主义直到其最后的时刻才获委任,或许的确是太晚了。那么,**什么是存在主义**?

在我的三人组对抗中,有一种不明确的融合、一种尚未命名的哲学。我可以把它命名为存在主义现象学,它最初由胡塞尔安排,而海德格尔和萨特"偏离"了它。但这并不是重点。对于"与生活相关的哲学",海德格尔和萨特并未比胡塞尔说得更好。与那些能从中得出"说的可能性"的原始权益相比,"需要说的"东西不一定是"说得更好的"东西。

这一点很难理解,但是,如果存在主义给出任何承诺,把我们从后现代的相对主义意识形态中解救出来,这一点就至关重要。存在主义是一种"虚假记忆综合症",但哲学本身正等待着它从怀疑主义中缓慢地复苏。

在胡塞尔眼中,哲学最大的敌人是那些**持有"一种哲学"的哲学家**——实际上,这种哲学在解决它的所有问题方面几乎已穷尽其可能。真正的哲学家是"哲学国度"的"执政官",体现了人类的意志的方向。那个方向是什么?向更加科学的客观性前进,这种客观性有健忘的危险,忘记了它的起源只能在主观的生活世界之中。科学只不过是来自整个生活世界的一种指导,我们怎样才能认识到这一点呢?仅凭一种"危机正在加剧"的错误感觉根本无法把握这一点。这是为什么?因为一个在自然态度之中的人,完全沉迷于科学,就无法进入生活世界。要打破这个魔咒,就得暂停科学研究——一种**悬搁**的努力绝非陷入非理性主义——在一切生活世界的视域中看到纯粹的主观性。

对自然态度的拯救是胡塞尔的基本问题,他以意识的奇迹作答。海德格尔在物的存在之中寻找到"绽出的"此在,萨特指望永远处于选择状态中**现实的人**的意识——我看到他们之间的差距正在缩小,难道我错了吗?使他们更加接近的是一个紧迫的消极的共识——对我们的历史状态进行救赎是否已为时太晚?

对于萨特来说,胡塞尔的幽灵可能会被马克思的幽灵所取代。或者,对于海德格尔来说,胡塞尔的幽灵可能会被尼采的幽灵所取代。但是,对于我们来说,一段已经**结束**的历史又有什么作用呢?

### 道德上的事实性

有趣的事实是这个。一位逻辑学家——埃德蒙德·胡塞尔——要求回到生活经验。这为什么是有趣的?另一位也有真正的使命感的逻辑学家,**路德维希·维特根斯坦**(Ludwig Wittgenstein,1889—1951),不也有完全相同的强烈要求吗?的确,但对维特根斯坦而言,哲学是一种"语言疾病",一种"使用语词的迷惑",他的治疗方法是日常语言的使用。难道我们要被禁止使用诸如"意识""直觉""存在"等具有迷惑性的词语吗?这个问题是在装病。没有**不受欺骗的**语言:尤其是逻辑对语言的不恰当占领,导致了"智能"机器的出现,以及我们当前的技术化的生存状况。

休谟曾提出一个著名观点:"没有道德上的事实。"现在这一观点已难以维持——当道德承担了事实的可能性,亦即在笛卡尔的原初意义上由我们制造的、人为的、实质的事实性。让我们再考虑一下,对胚胎进行基因测试这种行为暗示着什么。但是,对于我的尚未出世的孩子,假如我选择不去测试它未来的表现呢?考虑到"生活质量",这一选择不会成功地取代我们对技术进步的更大依赖。在我们的当下,没有道德上的无尽可能。或者,**目前**看来是这样……

### 存在主义可能遭到的警告

**本质主义者的问题不是存在主义者的问题。**本质主义者不仅提出诸如"上帝存在吗?""生命的意义是什么?",或其他具有"人道主义"性质的问题,而且会提出那些具有可证实的科学结果的问题,例如,达尔文的自然选择进化论,或者对我们今天来说更为紧迫的、受到进化心理学指导的"自私的基因"理论。这一基因理论宣称的不正是"随机性"对于任何生命的本质意义都具有优先性吗?分子生物学似乎剥夺了生命的通常的意义,但事实上,通过规定生命的"真正意义",它赋予生存以最终不可剥夺的本质。这是我的根本出发点。任何试图将本质意义强加给生存的东西,都应被当作**文学作品而揭开其面具**。它是一种被掩盖的文学作品,其动机是将意识置于一种不易察觉的无意识之下。这是一种必须被拒绝的欺骗。

总有一些人喜欢贬低自己的心灵——他们设计出"像我们一样"思考的机器,或者折磨黑猩猩,让它们"像我们一样"交流。这样做到底是为什么?为了更好地理解意识所"像"的是什么?为了谴责人类的傲慢?最大的傲慢是对心灵实施可导致瘫痪的还原,而与此同时,又利用心灵自身的复杂性来实行欺骗。

胡塞尔的意思是,"还原"这个词为我们保留了它的拉丁文原义——re-ducere(带回到)一个无限的经验领域。他要求任何科学还原都必须参照那种扩大的经验领域而对自身进行解释。例如,用认知科学中的"神经回路"来解释意识,或者将人的行为还原为进化心理学的"自私的基因"策略——这些解释之所以成立,是因为认知科学或进化心理学**包括**对它们的还原吗?换言之,任何经过还原的解释要让人理解,都必须违背它自己的内在性——它必须有另一种"超越性"的东西,这种东西脱离了它的预先被给予的立场,这显然是一个充分的解释。当然,这种解释不能"解释自身"。进化心理学或任何其他还原论者的心态,都不能说它本身就是对事物本来面目的完美解释,因为它们处于相同的条件下——如果是这样,它将停留于它的内在性中,不仅不可理解,而且不可言说。

还原论者可能会回答说,了解一个特定的决定性情境和被此情境彻底控制是不一样的。但这也是一种对内在性的超越性的违背。"超越性"指的是这样的东西:它不在世界的事实**之外**,但也不在世界之中。

**卡尔·波普尔**(Karl Popper,1902—1994)提出将"可证伪性"作为检验科学可信度的重要标准。不过,这仍然是一种逻辑的事后思考,而不是科学最初实际所做之事。正如海德格尔所说,我们不需要一种哲学,它步履蹒跚地追随着科学,希望发现科学的"方法"。在存在的探索中,我们需要一个"超前"的东西。但是,如果没有**悬搁**使意识在存在之中的定位被意识到,这种探索又是怎样进行的呢?

胡塞尔的**悬搁**可以对科学进行一种更重要的存在主义检验,而绝非仅仅对科学进行任何温顺的追随。

那么,一种无名的哲学或许可以获得一个恰当名称:存在主义。

## 逃避意义

意义不是任何哲学的必要条件,无论这种哲学是否无名。对于无神论者的带有几分神秘的"意义"理论,加缪警惕的荒诞主义也未能提供免疫。

意义从来不是我们能够"拥有"的东西,正如我们也不能否认或驱逐意义。在经验与现实之间有不可逾越的鸿沟,那鸿沟正是意义之所在。问题是,意义已距离我们如此遥远,它该怎样重现?

也许只有在极端的中止判断时——在**悬搁**暂时使"存在失效"时——意义才会以一种意想不到的方式爆发,让我们一时不知所措。事实上,长久的眩晕令人难以忍受。

那么,是这样吗?我们似乎最渴望意义,也总是在追求意义——这正是我们不能承受的吗?难道只有这样,我们才能认识到,意义对我们来说才是最可怕的噩梦?

# 延伸阅读

我在这本书中提出的问题,与存在主义答案的不确定性有机吻合。若提出其他问题,可能会产生不同的不确定性。

我将列出我的参考文献主要来自哪些著作。或许,我首先应该提到的一部"经典"是沃尔特·考夫曼的《存在主义:从陀思妥耶夫斯基到萨特》(*Existentialism from Dostoevsky to Sartre*, London: Times and Hudson, 1957)。这是一部介绍性的选集,收录了主要竞争者的文本,尽管我不同意它在文学上偏见。

加缪的《西西弗斯的神话》(*The Myth of Sisyphus*, New York: Vintage Books, 1960)。我是从这本简短易读的书开始的,而同样值得一读的还有《反抗者》(*The Rebel*, New York: Vintage Books, 1960)。

让·保罗·萨特的《存在与虚无》(*Being and Nothingness*, trans. Hazel Barnes, London: Routledge, 1958)冗长而令人生畏,但"存在主义的精神分析"一章应该读。对我来说,一个重要的来源是《寻找一种方法》(*Search for a Method*, trans. Hazel Barnes, New York: Vintage Books, 1968)——萨特对自己的存在主义版马克思主义的一个简短、清晰和个性化的说明。

马丁·海德格尔的《存在与时间》(*Being and Time*, trans. J. Macquarrie, E. Robinson, New York: Harper and Row, 1962),此书当然难度很大。我是从《关于人道主义的书信》("Letter on Humanism", 1949)开始读的,它收录于《林中路》(*Pathways*, ed. W. McNeill, Cambridge: Cambridge University Press, 1998)之中,海德格尔此"信"是对萨特 1945 年演讲"存在主义是一种人道主义"的回应,简短易懂,应该先读。萨特的"存在主义是一种人道主义"英译本通常译为 *Existentialism and Humanism* (London: Eyre Methuen Ltd., 1975)。

关于**埃德蒙·胡塞尔**,我唯一能推荐的入门读物是赫伯特·施皮尔伯格两卷本的《现象学运动》(*The Phenomenological Movement*, The Hague: Martinus Nijhoff, 1969),书中还有对海德格尔、萨特、加布里埃尔·马塞尔等现象学家的出色描述。就我个人而言,得益于两本技术性更强的书:Rudolf Bernet、I.Kern、E.Marbach 的《胡塞尔现象学导论》(*An Introduction to Husserlian Phenomenology*, Illinois: Northwestern University Press, 1993)以及 J.J.Kockelmans 的《埃德蒙·胡塞尔的现象学》(*Edmund Husserl's Phenomenology*, Indiana: Purdue

University Press, 1994）。胡塞尔确实很难，但这困难也被夸大了，我建议阅读他的《欧洲科学危机与先验现象学》(*The Crisis of European Sciences and Transcendental Phenomenology*, trans. David Carr, Illinois: Northwestern University Press 1993）。

有关卡尔·雅斯贝尔斯，有些人会认为我的评价不公正。为了更正确地评价他，我建议阅读汉娜·阿伦特的《黑暗时代的人们》(*Men in Dark Times*, New York: Harcourt Brace Jovanovich, 1968），以及雅斯贝尔斯在文章中表达的自己的观点，这些文章收录于考夫曼的存在主义选集中。

至于索伦·克尔恺郭尔的《重复》(*Repetition*, trans. Walter Lowrie, New York: Harper Torchbooks, 1964），不得不说，这本书太古怪了，不适合做入门读物。相比之下更好的是考夫曼所选的克尔恺郭尔自述随笔，以及《剑桥哲学指南：克尔恺郭尔》(*The Cambridge Companion to Kierkegaard*, A. S. Hannay, G. Monro, Cambridge: Cambridge University Press, 1998）。

说到弗里德里希·尼采，读者应该从海德格尔的两卷本《尼采》(*Nietzsche*, trans. D. F. Krell, New York: Harper Collins, 1979–84）开始，而总体性的概述还有《剑桥哲学指南：尼采》(*The Cambridge Companion to Nietzsche*, B. Magnus, K. Higgins, Cambridge: Cambridge University Press, 1996）。

我在此还将添加一些存在主义的入门书籍。J. Macquarrie 的《存在主义》(*Existentialism*, London: Penguin, 1973）；艾里斯·默多克（Iirs Murdoch）的《存在主义者和神秘主义者》(*Existentialists and Mystics*, ed. P. Conradi, London: Penguin, 1999）；最通俗易懂、令人愉悦的入门书是乔治·迈尔森（George Myerson）的《101 个关键的理念：存在主义》(*101 Key Ideas: Existentialism*, London: Hodder and Stoughton, 2000），收录在 Teach Yourself 丛书里。乔治·斯坦纳（George Steiner）的《海德格尔》(*Heidegger*）收录于 Fontana Modern Masters 书系（Glasgow: Collins, 1978），对于这位难以理解的哲学家，此书是一本简明而有益的指南。艾里斯·默多克的《萨特：浪漫的理性主义者》(*Sartre: The Romantic Rationalist*, London: Penguin, 1989）提供了一个清晰而有趣的描述。

## 致谢

感谢佐兰·耶夫提克（Zoran Jevtic）创作的斯诺克台球桌插图。

照片和封面设计出自朱迪·格罗夫斯（Judy Groves）。

# 索引

Abschattungen 侧显 84, 88, 139
Absurdity 荒诞 1—3, 24—25, 29, 98, 101, 112
Adorno, T.W. 阿多诺 75
anti—Semitism 反犹主义 7
Arent, Hannah 汉娜·阿伦特 100
Ataraxia 不动心 60
Aufhebung 扬弃 94—95

bad faith 自欺 17
being 存在 120—128, 135, 148
  among others 共处 160—161
human being 人的存在 72
  see also Descartes 参看笛卡尔
Bergson, Henri 亨利·柏格森 7
Berkeley, G. 贝克莱 55, 116—117

Camus, A. 加缪 1—3, 18, 34
  ~ on suicide 论自杀 22—26
Celan, Paul 保罗·策兰 149
Christianity 基督教 98—104, 112—116
*cogito argo sum* 我思故我在 61—62
collaboration, World War II 合作, 第二次世界大战中的合作 4—7
consciousness 意识 62—67, 80—82
  ~ and reality 意识与实在 120—121
  transcendence of 意识的超越性 127—130
  treating as a "thing" 物化 125
  Turing, A. 图灵 164
  what is it? 意识是什么？43, 49

Dasein 此在 31, 67, 73, 111, 120, 133—135, 148
death 死亡 27—31, 72—75
  *see also* suicide 参看自杀
deception 欺骗 152, 158

denlal 拒绝 35
Derrida, Jacques 雅克·德里达 83
Descartes, René 勒内·笛卡尔 51—55, 60—62
Dostoyevsky, Fyodor 费奥多尔·陀思妥耶夫斯基 14, 23

ecstasy 绽出 133—134
*epochē* 悬搁 60—67, 78, 80, 120, 127
evidence, what is it? 明见性, 什么是明见性？91
existence 生存 135
  *see also* Dasein 参看此在
Existentialism 存在主义
  Catholic ~ 天主教存在主义 114
  origins of ~ 存在主义的起源 36
  what is it? 什么是存在主义？13, 33, 168

falsifiability 可证伪性 170
Fanon, Frantz 弗朗茨·法农 104
France, occupation 法国, 占领区 4—10
freedom 自由 67—74, 129
Freud, Sigmund 西格蒙德·弗洛伊德 42, 154—157

givenness 被给予性 78
Gleichschaltung 一体化 38
God 上帝
  existence of ~ 上帝存在 24

Kierkegaard 克尔恺郭尔 97

Hegel, G.W.F. 黑格尔 94
Heidegger, M. 海德格尔 8—11, 56—61, 108—113
  Being and freedom 存在与自由 67—74

Dasein 此在 31—33, 121
existence 生存 133
Nazism 纳粹主义 142—151
scepticism 怀疑主义 69
technology 技术 27
History:what is it? 历史，什么是历史？ 141
Hitler.Adolf 阿道夫·希特勒 3, 144
Holocaust, the 大屠杀 148—150
Hopkins, Gerard Manley 杰拉德·曼利·霍普金斯 115
Hume, David 大卫·休谟 50
Husserl, E. 胡塞尔 22, 39—51, 77—80, 89—91, 159
psychologism 心理主义 165
reality 实在 120
reductionism 还原论 60, 170
time 时间 137—139

ideas, reality of 观念，观念的实在性 88
immanence 内在 82
intentionality 意向性 80—82, 126
intersubjectivity 主体间性 158—160
intuition 直观 87, 89—91
invariance 不变性 87

Jaspers, Karl 卡尔·雅斯贝尔斯 40, 99
Jews see anti—semitism 犹太人 参看反犹主义
Jung, Carl Gustav 卡尔·古斯塔夫·荣格 42
Søron Kierkegaard 索伦·克尔恺郭尔 92—106

Kirilov 基里洛夫 23—30

language 语言 83—84
literature 文学 12—14
living for ever 永生 28—31

Locke, John 约翰·洛克 54
Logotherapy 意义治疗 18—19
Lowith, Karl 卡尔·洛维特 9

Marcel, Gabriel 加布里埃尔·马塞尔 114
Marxism 马克思主义 101—102, 103—104
meaning 意义 31, 171
mind 心灵 54—55

Nazism 纳粹主义 18—19, 38
 see also anti-Semitism; collaboration; Heidegger 参看反犹主义；合作；海德格尔
Nietzsche, F. 尼采 1, 28, 144—147
nothingness 虚无 128

oblivion 遗忘 123

phenomenology 现象学 40—41, 46, 59, 84, 116
philosophy 哲学 34, 35, 168
 ~ and science 哲学与科学 57
Picasso, Pablo 巴勃罗·毕加索 6
Plato 柏拉图 88—90
Popper, Karl 卡尔·波普尔 170
Protagoras 普罗塔戈拉 61
psychology 心理学 46, 165
 see also Freud, Sigmund 参看弗洛伊德

reductionism 还原论 52—55, 58. 60
regression 回归 43
Resistance, the 抵抗运动 2, 8
Ricoeur, Paul 保罗·利科 16

Sartre, J—P. 萨特 5, 8, 35, 36, 41, 70—72, 107—109, 126—133
 ~ on choice 论选择 157
 ~ and Karl Jaspers 萨特和卡尔·雅斯贝

尔斯 101—102
Marxism 马克思主义 103—104
scepticism 怀疑主义 50—63, 69, 79, 168
science 科学 47—48, 56—59, 66
self—deception 自我欺骗 16—17, 20, 152—156, 159—160
solipsism 唯我论 158, 163
subject-object differential 主客体差异 46
suicide 自杀 18—20, 30, 32, 66—70

temporal object 时间对象 86
"theyness" "常人" 160
thingness 物性 161

time 时间 134—138
transcendence 超验 82, 97
truth 真理 92
Turing, Alan 阿兰·图灵 164—165

vocation 职业 77

war *see* France, occupation 战争 参看法国，占领区
Wittgenstein, Ludwig 路德维希·维特根斯坦 169
work 工作 75—77